Ellas

Tomás Fernández García (coordinador)
José Saramago, Fermín Bocos, Juan José Laborda,
Joaquín Leguina, Paco Lobatón, Miguel Lorente,
José Antonio Marina, Manuel Pimentel,
Ramón J. Márquez «Ramoncín»,
José Luis Rodríguez Zapatero,
Miguel Ángel Sacaluga, Joan Subirats,
Luis Antonio de Villena

Ellas

Catorce hombres dan la cara

Prólogo de Enriqueta Chicano

Ares y Mares

Ares y Mares
es una marca editorial dirigida por
Carmen Esteban

e-mail: editorial@ed-critica.es
http://www.ed-critica.es
Diseño de cubierta: Compañía de Diseño
Fotocomposición: Pacmer, S. A.
ISBN: 84-8432-271-8
Depósito legal: B. 42353-2001
Impreso en España
2001, A & M Gràfic, S. L., Santa Perpètua de Mogoda (Barcelona)

Prólogo

Lo común me reconforta, lo diverso me estimula

(J.M. Serrat)

Rousseau proponía: «Para los varones la política, la jerarquía, la cultura, el temple, el valor y el acuerdo. Para las mujeres, el arreglo de la casa, la obediencia, la dulzura y en general facilitar la libertad y el éxito de los varones».

Muchas mujeres se han dejado la vida en la batalla contra semejante forma de ver el mundo, al querer cambiar esa asignación de papeles que se ha mantenido a lo largo de la historia y ha perpetuado la división de sexos. Desde el principio, con mayor o menor presencia, la lucha de las mujeres por el reconocimiento de sus derechos se fue convirtiendo en seña de identidad: el derecho a la educación, al trabajo en condiciones iguales a las de los hombres, al divorcio, a la despenalización de la interrupción voluntaria del embarazo, a elegir y ser elegidas para desempeñar funciones políticas..., habían sido los objetivos a conseguir.

La Constitución Española que aprobamos en el año 1978, en su Artículo 14, dice que «todos los españoles son iguales ante la ley»; desde entonces se han introducido modificaciones legislativas por las que han desaparecido las leyes discriminatorias y se ha conseguido la igualdad legal de las mujeres españolas.

Hace más de veinte años que aprobamos la Constitución y, sin duda, hemos avanzado mucho en este tiempo, sobre todo gracias al impulso del movimiento feminista y al apoyo y esfuerzo de muchas mujeres; pero todavía hoy se puede afirmar que una cosa es la ley y otra —muy distinta— el cambio de mentalidad que aún necesita este país para que la igualdad sea real y efectiva, es decir, para que las mujeres tengamos las mismas oportunidades de realización personal y social que los hombres.

En ese camino, hace cuatro años, la Federación de Mujeres Progresistas presentó una oferta a la sociedad que se concretaba en un «Nuevo Contrato Social», cuya filosofía era compartir las responsabilidades familiares, compartir el trabajo y compartir el poder, porque entendemos que es necesario que los hombres se incorporen a este movimiento y todos juntos avancemos en la construcción de un futuro común para conseguir una sociedad más igualitaria, más justa, y una democracia más perfecta.

Durante estos años hemos realizado numerosas actividades para dar a conocer nuestras ideas. En el transcurso de una de ellas tuvimos la oportunidad de entrevistar a Tomás Fernández, profesor de la Universidad de Castilla La Mancha, que nos sugirió el proyecto de publicar un libro que incorporara a nuestro debate las ideas, sentimientos, pensamientos o dudas de un grupo de hombres sobre el papel que mujeres y hombres desempeñamos en la sociedad, y que contribuyera a enriquecer nuestras reivindicaciones con sus reflexiones intelectuales. Nos pareció una excelente idea, e inmediatamente la asumimos desde la Federación de Mujeres Progresistas, porque podía ser una interesante aportación a ese proyecto común que debemos compartir hombres y mujeres como es la igualdad entre sexos.

Tomás se puso a trabajar y encontró rápidamente la complicidad de unos cuantos hombres que se sumaron al proyecto con ganas e ilusión, aunque casi todos le manifestaron sus temores por la reacción que pudieran tener las mujeres ante sus reflexiones. Personalmente he podido comprobar que han sido unos cuantos meses de intenso trabajo, en los que han sacado las horas que han podido para escribir sus capítulos, después de sus jornadas de trabajo. E incluso ha habido alguno que, aun ilusionado con el proyecto, no se ha visto capaz de abordarlo porque tenía que compatibilizar su trabajo con las responsabilidades familiares. Todos han tenido que hacer un gran esfuerzo emocional e intelectual, porque —según me han comentado— una cosa es convivir y compartir con las mujeres una parte muy importante de la vida, y otra cosa ponerse a reflexionar sobre la aportación que diariamente hacemos las mujeres en los ámbitos cotidianos de trabajo y de convivencia.

Son catorce hombres los que escriben. Catorce es también el número del Artículo de la Constitución que habla de la igualdad. Trabajan en diversos ámbitos profesionales: la universidad, el periodismo, la política, el espectáculo, el derecho, las letras o la empresa. Son un referente en la lucha por la defensa de los valores fundamentales, pero no sabíamos qué pensaban de las barreras y dificultades que históricamente hemos tenido que sufrir las mujeres para poder acceder, en igualdad de condiciones que los hombres, a todos los ámbitos de la vida personal y profesional. Les hemos pedido que desde su óptica profesional y también desde su experiencia vital nos acompañen en nuestra larga reflexión acerca de la construcción de una sociedad más justa y democrática.

Y lo han hecho dando la cara, queriendo ser copartícipes de nuestras inquietudes. Son ideas que a algunas mujeres y también a algunos hombres les pueden parecer discutibles, pero que están expresadas desde la sinceridad y con él animo de contribuir positivamente a que la igualdad sea efectiva. Por eso este libro se hace de lectura recomendable para hombres y mujeres, porque es una bocanada de aire fresco en este esfuerzo que hasta ahora hemos llevado nosotras solas.

Desde la Federación de Mujeres Progresistas queremos manifestar nuestro agradecimiento por la generosidad de estos catorce hombres que, además de implicarse con sus ideas y sentimientos en nuestras reivindicaciones, han cedido a nuestra organización los derechos de autor de este libro, lo que contribuirá a que podamos seguir difundiendo nuestras propuestas y así poder seguir trabajando por un mundo más justo y solidario que es, en definitiva, el objetivo que todos deberíamos perseguir. Gracias.

ENRIQUETA CHICANO
Presidenta de la Federación de Mujeres Progresistas

A MODO DE INTRODUCCIÓN

José Saramago

ESCRIBÍ UN DÍA:

«Es la grande, interminable, charla de mujeres, parece cosa de nada, eso piensan los hombres, pero no se dan cuenta de que esta conversación sostiene al mundo en su órbita, que si no hablaran las mujeres unas con otras, ya habrían perdido los hombres el sentido de la casa y del planeta.»

Han pasado los años desde aquella reflexión, o comentario, que surgió al contemplar la escena que vivían dos personajes femeninos de la novela que estaba escribiendo y que eran, como casi siempre ocurre, una reelaboración de lo que hemos visto y sentido en nuestras personales vidas. Porque si es verdad que escribimos para comprender también es verdad que sólo escribimos de lo que conocemos, o creemos conocer.

Del mundo de las mujeres, algo he ido sabiendo a lo largo de los años, desde aquellas primeras que conocí en la aldea, con mi abuela Josefa, tan cerca de la tierra que la memoria me confunde los olores de una y otra, o en Lisboa, en las casas compartidas con otras familias donde pasé la niñez de emigrante pobre. Tuve ocasión de observar comportamientos, charlas, disputas y mutuas ayudas. Era un mundo de estrechez y familia, de hijos pegados a las faldas, de dificultades económicas y de conversación. Los hombres nunca estaban, salían a la calle a ganarse la vida, pero las mujeres de aquel ámbito reducido gobernaban su mundo con una disposición y una pericia tan natural y tan sabia que hoy, tantos inviernos después, sé que allí radica el origen del sostenido respeto y admiración que me provocan y que trato de expresar como hombre y como escritor.

La realidad, ya lo sabemos, no es idílica. Los paraísos de la infancia sólo se llaman así cuando son mirados desde otras edades y no vamos a negar que hubo lagrimas en aquellos días. También en nuestro caminar de adultos vamos encontrando mujeres que no reconfortan ni prestan ayuda ni se ayudan a sí mismas, pero al lado de la mejor emoción siempre hay una mujer. La mujer es, por excelencia, el ser que comprende, estimula y espera. De ellas he recibido las más hondas satisfacciones, los silencios más hermosos, el ejemplo más rotundo, el necesario amor. A cambio he procurado construir personajes femeninos que sean reflejo y homenaje, acto de gratitud y necesidad imperiosa, porque ahora que he vivido tanto sé que no sólo las conversaciones de las mujeres sostienen el mundo, sé que nosotros, yo, nos mantenemos en nuestra órbita particular porque alguien la llena de sentido. Gracias, pues.

Hace años escribí también, en otra novela, esta declaración, que sigo suscribiendo, acaso con más fuerza:

Quedo siempre asombrado ante la libertad de las mujeres. Las miramos como a seres subalternos, nos divertimos con sus futilidades, nos burlamos cuando las vemos desastradas, y cada una de ellas es capaz de sorprendernos súbitamente poniendo ante nosotros extensísimas campiñas de libertad, como si por debajo de su servidumbre, de una obediencia que parece buscarse a sí misma, alzasen las murallas de una independencia agreste y sin límites. Ante esos muros, nosotros, que creíamos saberlo todo de ese ser inferior que hemos venido domesticando o que encontramos domesticado, nos quedamos con los brazos caídos, torpes y asustados: el perrito faldero que con tan buena voluntad se contoneaba en el suelo, de espaldas, mostrando el vientre, se pone en pie de un salto, con los miembros estremecidos por la ira, y sus ojos son de repente ajenos a nosotros, y profundos, vagos, irónicamente indiferentes. Cuando los poetas románticos decían (o dicen aún) que la mujer es una esfinge, aciertan de pleno, benditos sean. La mujer es la esfinge que tuvo que ser porque el hombre se arrogó el señorío de la ciencia, del poder total, del saber todo. Pero es tanta la fatuidad del hombre, que a la mujer le bastó levantar en silencio los muros de su negativa final, para que él, tumbado a la sombra, como si estuviera acostado bajo una penumbra de párpados obedientes, pudiera decir, convicto: «No hay nada más detrás de esta pared».

Pobre hombre. Pobre mundo, si no se apresta a contar con la fuerza, acrisolada y nueva, de la mujer. Quizá de ella nazca la esperanza que necesitamos. Ojalá. Sería algo más que justicia poética. Es, simplemente, necesidad.

El desconcierto de Adán

Fermín Bocos

En la primavera de 1993 Rosa Regás se fue a Siria y vivió allí durante dos meses. Fruto de aquella experiencia es un hermoso libro cuyo título, «Viaje a la luz del Cham», se hace acompañar de un subtítulo todavía mas sugerente: «Damasco, el Cham, un pedazo de tierra en el paraíso». A este buen libro de viajes pertenece una página en la que con notable claridad se refleja la ancestral costumbre de la desigualdad entre hombres y mujeres.

El paisaje y el paisanaje son sirios pero la discriminación que denuncia encontraría situaciones análogas en cualquier otro país de este viejo planeta con nombre de mujer aunque, como luego veremos, en el llamado Primer Mundo las apariencias de igualdad tienden a enmascarar el problema.

«Cantaban los pájaros en las frondosidades verdes de los montes mientras seguíamos ascendiendo, atravesando pueblos y riachuelos y molinos con aspas de metal, como los que todavía se encuentran descascarillados en España, ... Y como en todo el mundo las mujeres dobladas sobre la tierra traba-

jando en el campo, mientras los hombres tomaban té y hablaban con los amigos en la puerta de la casa.

Setrak dijo que los hombres han de descansar para poder hacerles hijos a las mujeres, no menos de diez o doce, añadió y sonrió mirándome por el rabillo del ojo con tal picardía que se cambió por completo la expresión de la cara.

—¿Para qué tantos? —pregunté para desviar la intención.

—En la ciudad no hace falta tener hijos —respondió—, pero en el campo los hijos son manos para trabajar.

—¿Los hijos o las hijas?

Setrak devolvió su rostro al entrecejo habitual consciente de que había resbalado y estaba hablando por boca de sus abuelos. Yo miraba a los muchachos que ya desde jóvenes, desde niños casi, aprenden a sacar el taburete y la mesa a la puerta de la casa, bajo la parra, para charlar y comer pipas y pistachos y tomar té con los amigos como sus padres. Las chicas, en grupos, iban y venían del campo con bultos y cestas en la cadera o la cabeza, o se doblaban sobre las lechugas que luego colocarían en cestas y cargarían en el carro para que fueran ellos los que las llevasen al mercado, las vendiesen y guardasen y administrasen a su conveniencia el dinero ganado.»

Setrak es el chofer y a ratos guía que llevó a la escritora por las carreteras y ciudades de una Siria que en sus ambientes campesinos no es muy diferente de las ruralias de la España de hace apenas una generación. Afortunadamente aquel tiempo quedó atrás y fenómenos del presente, como la masiva incorporación de la mujer al trabajo fuera de casa y la aprobación por las Cortes democráticas de la Constitución —que consagra la igualdad objetiva entre hombres y mujeres—, son pasos dados para acabar con una discriminación que hunde sus raíces en la historia. Con todo, como veremos, tengo para mí que la proclamada igualdad es más un encomiable propósito que una realidad tangible.

Lo políticamente correcto

El Adán español medio no es Setrak, el guía ocasional de Rosa Regás, pero en su educación y en las pautas de conducta que sigue late el poso de siglos de desigualdad entre hombres y mujeres. Basta con escuchar a las mujeres para comprender que en realidad los hombres no nos damos cuenta del profundo calado de esa discriminación. Incluso entre quienes pretendemos ser «políticamente correctos» en relación con una causa —la igualdad entre hombres y mujeres— sobre la que en términos conceptuales no tenemos el menor asomo de duda, el día a día nos delata descubriendo contradicciones entre el decir y el hacer, entre lo que proclamamos y lo que hacemos.

Describo, pues, un desconcierto. El desconcierto de quien, como digo, quiere ser políticamente correcto, pero no sabe cómo, porque en el fondo uno no acaba de entender a las mujeres. (Tengo para mí que ellas tampoco acaban de entenderse a sí mismas, pero no es más que una intuición, así que para no complicar la cosa lo dejaré en sospecha.)

A pesar de los esfuerzos cotidianos por hacer real la relación de igual a igual bien podría decirse que hasta los más concienciados tendemos a sentirnos en falta; es como si a pesar de todos los esfuerzos siempre quedara pendiente una porción de esta deuda histórica.

Suena a tópico pero creo que es verdad que el siglo XX pasará a los libros de historia como aquel en el que en algunos países del Primer Mundo triunfó la causa de la revolución de la igualdad entre hombres y mujeres.

Con mucho, la revolución más trascendente y por otra parte la única llamada a perdurar de cuantas acaecieron en un siglo marcado por no pocas revoluciones de naturaleza política.

El rasgo esencial de ese cambio de proporciones revolucionarias consiste en que las mujeres empiezan a dejar de ser consideradas como sujetos pasivos de la historia, como acompañantes de los hombres.

Es verdad que la historia está llena de mujeres extraordinarias, de mujeres que fueron una excepción en un mundo de hombres. Y precisamente de ellas sabemos por su excepcionalidad. Pero no fue hasta el siglo que acabamos de dejar atrás cuando las mujeres empiezan a ser dueñas de sí mismas, seres individuales, con proyección propia, personas que, en definitiva, pasan a decidir qué hacen en este mundo y a orientar sus vidas sin la tutela del padre, marido, compañero o hermano.

La novedad trae consigo otra revolución: descoloca a los hombres. Acostumbrados durante siglos a un modelo de relación estable, donde el papel de cada cual estaba claro, el nuevo comportamiento de sus hijas, mujeres, hermanas o compañeras les desconcierta.

Así que las mujeres que cogieron las riendas de sí mismas se enfrentan con un Adán que comparece sumido en la perplejidad. Educado para seguir asumiendo el rol de la relación tradicional, Adán se queda sin papel y tiene que aprender otro diferente. Y en eso estamos.

LA IGUALDAD ANTE LA LEY NO ES LA IGUALDAD

Gracias a los movimientos feministas —cuyas reivindicaciones han sido genéricamente asumidas por los partidos de izquierda— en los países occidentales sobre el papel, las mujeres tienen los mismos derechos de los hombres.

No han sido conquistas fáciles, nadie se lo ha regalado, pero, afortunadamente, las leyes han dejado de ser discriminatorias. En los países del Primer Mundo las estadísticas nos hablan de aulas donde hay mayoría de chicas estudiando, jóvenes que salen de la universidad con excelentes calificaciones, que continúan su formación con éxito, que están preparadas para asumir cualquier tipo de responsabilidad en igualdad de condiciones que los hombres. Pese a todo, les oigo decir que una cosa es el «papel» y otra muy distinta la realidad. Y la realidad es que también con las estadísticas en la mano se puede demostrar que a la hora de adjudicar responsabilidades, a la hora de cerrar un contrato, los hombres continúan prefiriendo colocar en las cúpulas de las empresas a otros hombres.

Hay excepciones, claro, por ejemplo en el mundo de la política —Rosa Conde, Carmen Alborch, Esperanza Aguirre, Luisa Fernanda Rudi, la malograda Pilar Miró, etc.—, como las ha habido a lo largo de la historia, pero en estos primeros compases del siglo XXI, en nuestro país y en nuestro entorno, ¿cuantas mujeres son rectoras de universidad? ¿Cuántas mujeres dirigen un canal de televisión? ¿O un banco? ¿O una multinacional? ¿O una cadena de radio? ¿O una compañía de electricidad? ¿O un periódico? ¿O una simple revista no especializada en «temas femeninos»? No creo confundirme si digo que ninguna.

Sin embargo en las universidades hay más alumnas que alumnos, y los bancos están llenos de mujeres, lo mismo que las empresas multinacionales y no digamos las redacciones de los medios de comunicación. Mujeres periodistas, realizadoras, camarógrafas, guionistas, mujeres jefas de la sección de local, de nacional, de internacional, presentadoras de telediarios, analistas... pero ninguna mujer sentada en el sillón de consejero delegado o director general... ¿Por qué?

«E PUR SI MUOVE»

Pese a todo, algo se mueve. Las cosas ya no son como eran. Un ejemplo: la tasa de actividad femenina dentro de la Unión Europea alcanza el 52,6 % y la masculina el 71,6 %.

Uno de los objetivos que se ha fijado el Consejo de la UE es aumentar la población activa de la Unión. Es una previsión para los próximos diez años. De los 153,5 millones de empleos actuales quiere pasar a 174,9 y prevé que 13 millones de esos nuevos empleos puedan ser desempeñados por mujeres.

Aplicando el principio de «a igual trabajo, igual salario», el segundo reto será conseguir la equiparación salarial, circunstancia que, todavía no se produce hoy en día. En un reciente informe del Parlamento Europeo se asegura que el salario femenino medio en la UE es un 26 % inferior al de los hombres.

Vivimos en una sociedad donde la precariedad laboral es la norma y donde los sindicatos han ido perdiendo fuerza. El discurso sindical clásico, de corte reivindicativo, ha dado pie a otro cuyo corazón late de manera más acorde con las ideas de gestión y negociación.

En ese contexto —tildado por unos de moderación y por otros de claudicación— se mueven hoy las principales centrales obreras españolas, de modo que cuando los jóvenes acceden a un empleo se encuentran que las condiciones de trabajo y el salario los fijan las empresas y si lo quieres lo tomas y si no lo dejas.

El caso es que las mujeres se encuentran con una realidad tan discriminatoria como inaceptable: por el mismo trabajo la empresa les paga menos dinero que a sus compañeros, porque laboralmente las clasifica de manera distinta. También es habitual que sean los hombres quienes son promocionados a puestos de responsabilidad.

Las empresas dirán que no discriminan, que tratan a todos los trabajadores por igual, pero no es así. ¿Por qué no lo denuncian? —se pregunta uno—. La respuesta suele ser común: por temor, por miedo a perder el puesto de trabajo. De eso se valen la mayor parte de las empresas.

Tampoco hay denuncias para otro abuso empresarial: el extrañamiento en función del estado civil. Sí, según me cuentan el estado civil puede ser una barrera para acceder a un puesto de responsabilidad. La consecuencia es que un hombre tiene más probabilidades de ser promocionado que una mujer.

Un hombre casado, por ejemplo, tiene un plus de respetabilidad ante los jefes de la empresa en la que trabaja porque en apariencia ofrece una idea de estabilidad. En igualdad de condiciones será promocionado antes que, por ejemplo, una mujer joven casada. ¿Por qué? Pues porque una mujer joven casada puede quedarse embarazada y tener hijos y eso puede suponer que durante unos meses esté de baja y haya que contratar otra persona para ocupar su puesto. Además, la empresa teme que una vez reincorporada a su lugar de trabajo, tarde o temprano, acabará faltando cuando el hijo esté enfermo o tenga que llevarle al dentista.

Así que a muchas mujeres —con excelentes currículos académicos o profesionales— cuando van a acceder a un puesto de trabajo de mediana o gran importancia la empresa les exige con más o menos sutileza que se comprometa a no tener hijos durante un período de tiempo.

Tal requerimiento va contra el imperativo de igualdad consagrado por la Constitución, pero —por lo que veo y oigo decir— es algo que las mujeres están aceptando porque si no se encuentran con que sus años de esfuerzo, de estudios, de preparación, no les sirven de nada.

El sistema las emplaza para que elijan entre la vida privada —y eso en ocasiones conlleva la maternidad— o el mundo laboral ¡Cómo si fueran incompatibles!

Es el darwinismo económico, la irracional y estresante hipercompetitividad que ha instalado en nuestras pobres vidas el sistema que antes conocíamos por capitalismo y ahora se hace llamar economía de mercado.

Pero si quieren seguir tenemos, tienen que tragar, porque muchas mujeres se encuentran con que después de haber sido madres y regresar a su empresa, el puesto está ocupado, y las empujan a renunciar o a conformarse con otro de rango inferior en responsabilidad y salario.

Adán pide permiso para atender al niño

Frente a la nuevas formas de explotación y precariedad en el empleo que comporta la globalización de la economía —sistema que tiende al beneficio empresarial máximo y a retratarse lo mínimo con el Estado del Bienestar— Adán es una víctima, pero Eva lo es por partida doble.

¿Por qué? Pues porque tengo para mí que las mujeres se enfrentan al dilema de tener que elegir —o cuando menos hacer compatible— su vida laboral con su vida privada.

Y si optan por no renunciar a su carrera o actividad profesional parece claro que necesitan que los hombres «compartan» con ellas las responsabilidades de la vida familiar. Toda una novedad, incluso un reto para el Adán concienciado, solidario y políticamente correcto.

No andan errados los empresarios cuando piensan que en el supuesto de que el niño, hijo de una de sus empleadas, tenga que ir al dentista, o se deba acudir a una reunión de la Asociación de Padres del colegio, será ella quien pida permiso en el trabajo. A un hombre se le antojaría una frivolidad —incluso sentiría un poco de vergüenza— si se viera en el trance de tener que solicitar permiso para llevar al niño al pediatra o tener que salir antes del trabajo para llevarle a una fiesta de cumpleaños de un compañero del colegio.

Hasta ahora han sido las mujeres las que vienen asumiendo esas mil y una responsabilidades que son la servidumbre obligada al dios de las pequeñas cosas que rige la vida familiar.

Es verdad que la cosa tiende a cambiar y en las últimas décadas Adán se está dejando educar para aprender a compartir. Pero es un aprendizaje duro porque el pasado pesa y 30 o 40 son los siglos que contemplan el —a estos efectos— desaprensivo reinado de Adán, que, apresurémonos a decirlo, ¡en menudo fregado se ve metido por intentar ser políticamente correcto!

Como digo, por lo que sé, veo y me cuentan parece que algunos —los que ahora tienen entre 25 y 30 años— han empezado a conjugar el verbo compartir. Sin duda es un fruto de la educación, todavía en agraz, que recibieron en casa o en la escuela. Otros, los que han racionalizado el problema y tratan de aplicar la solución, se esfuerzan por estar a la altura de lo que reclaman las mujeres de hoy

—que tengo para mí que no es otra cosa que «repartir y compartir».

Repartir y compartir responsabilidades para que también ellas puedan realizarse y progresar en el terreno personal y laboral.

La teoría es sencilla, la práctica es más dura. ¿Por qué? Pues porque Adán lleva muchos años, en realidad siglos, siendo Adán y tiene muy arraigadas pautas de comportamiento acuñadas en las viejas sociedades de tipo patriarcal. Adán, por ejemplo, está «programado» para quedarse al salir del trabajar con sus compañeros compartiendo una copa de final de jornada. En sentido contrario, salvo situaciones excepcionales —tipo «despedidas de soltero» o cena de fin de curso o cosas así—, Adán no está preparado para ser él quien corra a casa para ayudar a sus hijos a hacer los deberes, bañarles, hacer la cena y acostarles, mientras su mujer o su compañera se relaja tomando una «copa» con sus amigos al final de una jornada laboral. A Adán le faltan —nos faltan— unos cuantos telediarios para enterarnos de lo mucho que todavía tenemos que aprender en el terreno de la igualdad.

¿Qué quieren las mujeres?

En un momento en el que la caída en picado de la natalidad alerta sobre el riesgo de quiebra que puede afectar en el futuro a uno de los pilares esenciales del Estado del Bienestar como es la seguridad social, en Europa las mujeres son cada vez más reacias a tener hijos porque la sociedad no ha previsto mecanismos para no «penalizar» la maternidad.

Pese a ser con mucho la región más avanzada del Primer Mundo y pese a los muchos avances legislativos, la sociedad europea comunitaria aún no ha encontrado los mecanismos que hagan posible que una mujer pueda ser madre sin jugarse su vida profesional.

¿Qué piden a este respecto las mujeres? Pues por lo que las escucho decir, cosas elementales, cambios preñados de sentido común.

Por ejemplo, leyes que protejan la baja maternal; leyes que impidan que las mujeres puedan ser relegadas a otros puestos cuando se reincorporan al trabajo después de haber sido madres. Leyes que garanticen las flexibilidad de horarios —sin merma económica— para que los padres, indistintamente, puedan compatibilizar el cuidado de los hijos con su trabajo.

Es necesario crear una red de guarderías gratuitas —con todas las garantías del Estado— en donde se puedan dejar a los hijos con total tranquilidad. También la sociedad debería buscar fórmulas para contribuir a la asistencia en el hogar, tanto para el cuidado de los pequeños como de los mayores.

La sociedad debe de asumir que los niños son también su responsabilidad, no sólo de los padres.... y Adán, a su vez, debería asumir que su responsabilidad no se agota con la contribución al mantenimiento y bienestar de los hijos, sino que se extiende a otros territorios en los que ha de compartir las tareas que conlleva su educación y la vida cotidiana de los pequeños.

Sea cual sea su edad y el trabajo que desempeñan, para las mujeres trabajar y tener una vida familiar gratificante supone un conflicto sin resolver. Lógicamente, cuanto menores son sus recursos económicos más se agrava el conflicto.

Las jornadas de las mujeres que trabajan son maratonianas, pueden incluso llegar a ser angustiosas. Un hombre saldrá por la mañana de casa y acudirá a su trabajo donde permanecerá siete, ocho, catorce horas, y todo su esfuerzo y dedicación estará concentrado en lo que hace.

Una mujer saldrá de su casa a la misma hora, acudirá a su trabajo, permanecerá siete, ocho, catorce horas, trabajará con ahínco y dedicación, pero al tiempo, estará pendiente de su casa y de su familia.

Y mientras Adán se dedica en exclusiva a su trabajo, ¿qué hace ella? Pues lo que le corresponde en su trabajo y todo o casi todo en casa.

Sobre ella recae la responsabilidad de las pequeñas o grandes cosas del hogar: la compra de la semana, que haya comida en la nevera, que la casa esté limpia y organizada, que los niños estén debidamente atendidos (llevarles al médico, participar en un actividad extraescolar, hacer los deberes, etc.).

¿Cómo consigue «llevar la casa» —con todo lo que implica— y cumplir adecuadamente con su trabajo? El caso es que lo hace. Naturalmente, el coste personal es enorme y Adán ni se da cuenta o —salvo excepciones de las que apenas me llega noticia— no lo hace con la inmediata consecuencia de aceptar su parte en ese segundo tajo que aguarda en casa tras acabar en el trabajo.

La mujer se ha incorporado al trabajo pleno pero sin desprenderse del trabajo de casa.

Los recursos económicos alivian la situación de la mujer trabajadora, que puede contratar ayuda externa —una asistenta, por ejemplo—, pero aun en ese caso, la coordinación del trabajo de la empleada de hogar (por lo general, una mujer) depende de ella.

Aún más angustiosa es la situación de las mujeres que no disponen de formación académica o profesional, que salen a trabajar para completar el salario familiar. Mujeres que trabajan en fábricas, en grandes almacenes, en oficinas, en el campo, y que a sus muchas horas de trabajo añaden el trabajo doméstico sin ayuda de ningún tipo.

Ante este cúmulo de circunstancias, el Adán que conserva cierta lucidez y sensibilidad se encuentra descolocado, desconcertado, al darse cuenta de la frustración que provocan en sus parejas por no estar a la altura de lo que ellas esperan de él, y quizá por eso empieza a colaborar. Este cambio de actitud se refleja ya en algunas estadísticas.

Echa una mano con los niños, incluso no le importa ser él quien acuda a la compra, es capaz de poner una lavadora y se acerca a la plancha, pero no pasa de ahí.

Aún coloca el trabajo, «su» trabajo, por encima de todo lo demás. Cree que hacer bien su trabajo es su mejor aportación a la vida familiar, puesto que eso supone estabilidad.

Pese a su empeño en ser políticamente correcto, tengo para mí que sentiría vergüenza —una vergüenza inexplicable— si tuviera que escaparse quince minutos antes de concluir su jornada laboral para acudir corriendo al mercado del barrio o al «super» de la esquina para comprar la cena.

Y también le violentaría tener que interrumpir una charla con sus compañeros y jefes al terminar el trabajo para, pongo por caso, acudir a buscar a un hijo a una clase de inglés.

Origen de la violencia de género

Probablemente uno de los «shocks» más grandes que sufrió Adán en el último tercio del siglo pasado fue cuando comenzó a descubrir que no era imprescindible para garantizar la subsistencia de las mujeres ni de los hijos. El acceso masivo de las mujeres al trabajo supuso la independencia económica de ellas, y por tanto la independencia personal. Lo mismo que el descubrimiento y uso generalizado de la píldora y demás anticonceptivos fue otro elemento de libertad personal para las mujeres.

Independencia femenina que, digámoslo pronto, ha sido digerida de manera desigual por los hombres. Porque el hecho concreto es que han cambiado la naturaleza de las relaciones, basadas ahora en la igualdad —cuando menos de partida— y no en la necesidad. Este cambio es en sí potencialmente revolucionario. ¿Por qué? Pues porque entre otras cosas quiere decir que la mujer no necesita casarse para subsistir —adquiriendo de paso alguna garantía con la que afrontar la vejez.

La independencia económica, o el saber que Adán ya no es estrictamente necesario para la subsistencia de ella, ha provocado inseguridades en algunos, y lo que es peor: incluso en ciertos casos reacciones violentas.

Muchos hombres, puede que en proporción mayor que en el pasado, maltratan a sus mujeres, novias o compañeras porque se sienten impotentes ante ellas. Frustrados en su estatus masculino tradicional.

¿Por qué? Pues porque, aunque sea dicho con algo de retórica, en el fondo de la cuestión lo que sucede es que ¡la esclava se rebela!

Ellas ya no les necesitan para vivir; por tanto, si quieren terminar una relación, si no se sienten satisfechas con la relación que mantienen y deciden cortar, liberarse, pues sencillamente van y lo hacen. Y es ahí donde algunos hombres, cegados por la impotencia que significa su pérdida de «poder», desatan una violencia inusitada contra ellas. No las pueden mantener a su lado porque ellas no quieren y en su enajenación llegan hasta el crimen.

Algunos no soportan el derrumbamiento de la sociedad patriarcal, donde la palabra del cabeza de familia era ley, donde la última palabra la decía él. Tener en frente a una mujer que tiene y defiende su criterio en distintos asuntos, que no se deja imponer las decisiones de él, irrita y encoleriza a algunos hombres.

Sencillamente no están «educados» para vivir en pie de igualdad. El Adán tradicional veía y todavía son mayoría quienes siguen considerando que la mujer debiera ser la persona sumisa que vieron en los comportamientos de sus madres.

No es que este tipo de Adanes sean idiotas hasta el punto de creer que sus madres estaban en todo de acuerdo con sus padres, pero lo cierto es que las recuerdan calladas, asintiendo, siempre haciendo algo —«en silencio ella lava y cocina» dice la letra de una canción nostálgica—. Tal vez discrepaban entre las cuatro paredes del dormitorio, pero nada de eso trascendía.

Tengo para mí que muchos hombres echan de menos esa relación subordinada, ancilar incluso. Puede que incluso algunos de los que intelectualmente rechazan que eso pueda ser así. En fin, no sé. Quizá sea llevar las cosas demasiado lejos...

Pero anoto la duda de si la «violencia doméstica» —que está creciendo de manera exponencial en los últimos tiempos y raro es el día en el que no tenemos noticia de algún nuevo episodio— no estará en muchos casos relacionada con algo de esa impotencia que sienten algunos hombres ante su pérdida de poder, ante su pérdida de dominio de la mujer.

Una mujer que ya no es un sujeto pasivo, sino el sujeto activo y principal de su propia vida.

La mujer en el Tercer Mundo

Todo esto, claro, son palabras que describen o cuando menos remiten a situaciones cada vez más generalizadas en los países de lo que llamamos el Primer Mundo, en los que pese a los avances en la educación de la igualdad ser mujer todavía es un vivir difícil. Pero si ser mujer en el Primer Mundo es difícil, en el resto del planeta es una pesadilla terrible.

Las condiciones de miseria del Tercer Mundo agravan la situación de las mujeres y los niños. La Organización Internacional del Trabajo (OIT) acaba de hacer público un informe —su título es: «Alto al trabajo forzoso»— en el que se denuncia el aumento de tráfico de seres humanos para obligarlos a hacer trabajos forzosos. Las mujeres y los niños son los objetivos de los «esclavistas» de hoy.

De la misma manera —ante la pasividad, por cierto, de los gobiernos occidentales— se ha incrementado el tráfico de mujeres que acaban en las redes de la prostitución. Las mujeres sufren en distintos lugares del mundo mutilaciones en nombre de «culturas» que atentan directamente contra los más elementales derechos humanos. Mujeres a las que de niñas les practican la ablación del clítoris, o las tatúan, o las deforman con anillas colocadas en la boca o alrededor del cuello.

Mujeres que como las afganas viven tras el «burka», la máscara de hierro que les impone el régimen talibán. Mujeres que no se pertenecen, porque son propiedad de los padres y luego del marido, sin que su opinión importe nada a la hora de casarse. Mujeres que de niñas sufren porque les está vedado hacer gimnasia o bañarse en una playa como a los niños.

Seres humanos que suman a la discriminación de la pobreza la discriminación de haber nacido mujeres, circunstancia que en algunos países puede significarles la muerte nada más salir del útero materno sencillamente porque no son una fuerza de trabajo potencial.

Ante este estado de cosas pienso que la autosatisfacción que derrochan los dirigentes de los países del Primer Mundo ante los logros de la globalización, la sociedad comunicada o la era de Internet debería ceder ante la vergüenza que supone vivir en una época en la que millones de seres humanos, millones, repito, siguen condenados a ser esclavos. Hombres y mujeres, pero más mujeres que hombres.

La educación, clave de la igualdad

Para ir concluyendo, volvamos por otra vez al Primer Mundo para anotar que Adán, el Adán cuarentón, apenas se da cuenta de que su mujer, pongamos que universitaria como él o con un trabajo de profesional como él, vive estresada, porque sobre ella recae el buen funcionamiento de la casa y no fallar en su vida laboral.

Ella se ocupa de que no falte leche en la nevera, de los horarios de los hijos, de su salud, llevarles al médico, al dentista, de que la «casa» esté en condiciones, ya sea con ayuda o sin ayuda de fuera.

Después de trabajar diez o incluso más horas batiéndose con las reglas de juego inmisericordes de la sociedad competitiva, la mujer cuando vuelve a casa —dependiendo claro está de su situación económica— por lo general tendrá que seguir realizando otros trabajos; domésticos, pero trabajos, al fin, y en un cambio de escena rapidísimo pasará a convertirse en «ama de casa», eufemismo fariseo que encubre la servidumbre añadida que nuestra sociedad impone a las mujeres por el hecho de serlo.

Pero con ser bastante, tengo observado que no acaba aquí el memorial. Porque además ellas se baten en otros frentes. En una sociedad insolidaria y competitiva como la nuestra, donde el puesto de trabajo baila, tiene que demostrar todos los días que no flaquea, que no está desbordada, que está a la altura de la situación, que no le quita a la empresa ni un minuto de tiempo para cuidar de su familia... Pero no acaba aquí la cosa porque encima ha de cuidar mucho su aspecto físico.

Adán también, pero la verdad es que no es lo mismo. En esta sociedad en la que hemos entronizado el contravalor de la apariencia por encima del valor del ser, la presión social, las pautas que impone la televisión, el culto al cuerpo y la utopía de los cuerpos eternamente jóvenes amparan la tiranía de un culto a la imagen que tiende, cada día con más intensidad, a esclavizar sobre todo a las mujeres.

A mi modo de ver, sólo a través de la educación, de la enseñanza en las escuelas, colegios e institutos —primeros tramos, pues, del proceso de formación de los niños primero y de los adolescentes, después— será posible que en el futuro mujeres y hombres compartan y repartan a partes iguales las responsabilidades familiares.

De la escuela, de la educación en suma, depende que en un futuro próximo desde la infancia los hijos de Adán sepan ver y tratar a ellas como a iguales. Ni más ni menos. Que sean educados para asumir que ellos no tienen un derecho especial para dedicarse exclusivamente a su trabajo, mientras que ellas tienen que compaginar trabajo profesional con trabajo en casa.

Que la educación sea escuela de igualdad y de otros valores cuyo germinar con el paso del tiempo determine que el Adán que está por venir no tengan que esforzarse para ser solidario y aceptar que en el engranaje de la vida familiar el reparto de las tareas es lo lógico; que compartir la responsabilidad de la casa y de los hijos es cosa de dos; que en el trabajo no puede haber discriminación por razón de sexo.

Dice el Diccionario de la Academia que feminismo es «*la doctrina social que concede a la mujer capacidad y derechos reservados antes a los hombres*».

Dicho así, uno se pregunta: ¿se puede estar en contra del feminismo?

Satrak, el guía ocasional de Rosa Regás en su viaje por Siria, contestaría que sí. Adán, el Adán que quiere ser políticamente correcto, diría que no, pero en el fondo, sigue —seguimos— sumidos en la perplejidad, sigue —seguimos— desconcertados ante un fenómeno que sabemos irreversible y cuya magnitud, aliento, alcance, radio y hechuras intuimos que son revolucionarios.

Convivimos, nos necesitamos y qué poco nos conocemos

Tomás Fernández García

Convivimos, nos necesitamos y qué poco nos conocemos. Compartimos años y años de nuestras vidas, disfrutamos juntos, nos soportamos mutuamente, navegamos en la misma barca; naufragamos en nuestra propia tormenta... Y aun así, hombres y mujeres parecemos abocados a la incomprensión y al desencuentro.

Pese al gran desarrollo alcanzado por algunas sociedades del planeta, lo cierto es que el abismo entre sexos sigue siendo muy considerable. En la mayoría de las situaciones se suele culpar al hombre de esas diferencias, aunque a muchos de nosotros nos asalta la tentación de rebelarnos contra el dedo acusador: al fin y al cabo, somos «herederos» de unas circunstancias históricas que injustamente no hemos sabido o no hemos querido evitar.

Somos hijos de una cultura y de una época muy determinada. Su origen está en la ideología que desde los comienzos de la civilización se nos ha transmitido bajo un sistema patriarcal que ha adjudicado determinadas cualidades diferenciadas a los hombres y a las mujeres: una cultura sexista que ha mantenido la primacía del hombre sobre la mujer y que desgraciadamente nos han inculcado desde la niñez. En cierto modo, me considero incluso víctima de ese modelo impuesto, aunque tengo que reconocer que esas creencias fueron inventadas por los hombres y no por las mujeres.

La sociedad española se ha democratizado y ha avanzado en muchos aspectos en las últimas tres décadas. Nuestra cultura es ahora capaz de asomarse al mundo de una forma más objetiva y analítica, y no puede seguir aceptando los mitos que desgraciadamente perviven, y que siguen colocando a la mujer en una posición de desigualdad respecto al hombre. Sin embargo, unas creencias que se han transmitido con tanto énfasis, con tanto dogmatismo y también con tanta agresión contra la mujer no parece ser que estén tan claras para algunas personas. El mito se está cayendo por su propio peso, aunque las ideas sobre la mujer siguen siendo todavía un lastre. Acudo a Carmen Martínez Ten, miembro de la Asociación para la Reflexión y la Acción Feminista, cuando dice: «Durante siglos, desde la religión, desde la filosofía, la ciencia o la política se ha defendido que las mujeres eran seres inferiores, unas veces por voluntad divina y otras por imperativo de la naturaleza, que las había hecho así». Referentes más cercanos los encontramos en la profesora de antropología de la Universidad Autónoma de Barcelona Mercedes Fernández Martorell, que reitera, que «somos un país que es producto de una dictadura y de una educación religiosa que marcó el dominio de los hombres sobre las mujeres. Las mujeres, en estas condiciones, han estado históricamente condicionadas y destinadas al servicio y a la sumisión del varón, lo que ha sido siempre causa de la problemática entre los géneros».

La mujer actual, la que interpreta la realidad sin tener en cuenta los mitos, no acepta seguir siendo maltratada, relegada o discriminada social y políticamente por razón de sexo. Es una reivindicación justa, legítima y necesaria, ya que históricamente han tenido que soportar situaciones de discriminación repudiable. Actualmente, no tenemos nada más que abrir el periódico para comprobar que esos comportamientos éticos y jurídicamente condenables siguen siendo el pan de cada día en muchos hogares.

Pero es cierto que hay cambios visibles, aunque no con la rapidez que fuera deseable por la mayoría de las mujeres y algunos hombres. Al fin y al cabo, las transformaciones sociales son lentas y necesitan su tiempo para cambiar el peso de la tradición que desde la infancia nos han inculcado. Para Javier García Breso, profesor de antropología de la Universidad de Castilla-La Mancha, «la cultura en la que hemos sido educados nos da los parámetros, los referentes, los símbolos, los valores, etc. construidos no de la noche a la mañana sino desde muchas generaciones atrás y que han resultado útiles para la vida de algunos grupos humanos. Por lo tanto, cambiarlos necesitará también de su tiempo y de ciertas circunstancias viables que faciliten el cambio de mentalidad.»

También se deben considerar las situaciones particulares de la mujer en cada cultura, porque el dilema no es resignarse al determinismo cultural, sino atenerse a la tradición y cambiarla si se puede. Por ejemplo, es muy difícil para muchas mujeres en Centroamérica salvar la presión social a la que su cultura las somete para «cumplir como mujer», es decir, tener hijos. Es muy difícil escapar a ese control de «voces anónimas» que nos conducen en la vida, que estigmatizan lo que creen que está mal y alientan lo que estiman que está bien. Esos controles pasan casi desapercibidos, pero son el eco, el sentir colectivo, inconsciente muchas veces, de la situación social que se vive. En sociedades subdesarrolladas, donde existe una gran mortalidad infantil, esos controles animan a las mujeres a tener hijos, cuantos más mejor. Entonces, se puede decir que los hijos son una bendición de Dios. En cambio, en otras sociedades donde la esperanza de vida alcanza edades avanzadas esos controles desaparecen o funcionan para impedir que se tengan demasiados hijos. Entonces se dice que «los hijos son demasiado caros» o que «antes de tener un hijo hay que pensárselo dos veces».

Cuando la mentalidad cambia, la situación social tambien lo hace. En la medida que muchas mujeres dejan de considerar que su función principal es tener hijos o que los hijos no se deben tener demasiado jóvenes, están siendo también exponentes culturales. Se están dejando llevar por la nueva situación que su entorno social les ha construido. Por ejemplo, cuando se exige la participación de los hombres en las tareas que se han adjudicado tradicionalmente a las mujeres, también nos encontramos frente a situaciones culturales que identifican la división laboral desde el punto de vista histórico. Tradicionalmente, la mujer se ha ocupado de la casa y el hombre del trabajo remunerado. Sin embargo, este estereotipo está cambiando de una manera muy rápida. Muchos de nosotros aún tenemos presente la imagen de nuestros abuelos gritando si la comida no llegaba a tiempo a la mesa cuando ellos se sentaban y posteriormente la de nuestros padres sentándose pacientemente. Ahora somos nosotros los que colaboramos en la preparación de la comida. Quizás la próxima generación ocupará la cocina indistintamente del sexo.

Al analizar el cambio, encontramos sin duda que las hermanas de mi generación se han pasado la vida protestando porque sus hermanos, que estudiaban igual que ellas, no participaban en la preparación de la «mesa», mientras que a ellas se las obligaba sólo por ser mujeres. Hay que decir que la protesta ha encontrado su efecto, ya que los hombres de mi generación compartimos algunas labores de la casa, pero tengo que reconocer que en líneas generales cuando los hombres limpian el polvo, hacen la cama, o algún día hacen la comida siguen teniendo la sensación de estar haciendo un «favor» a las mujeres. Les cuesta entender que compartir significa realizar el trabajo conjuntamente. Mientras existan estudios que indican que las mujeres dedican cuatro horas y veinticuatro minutos diarios a las tareas domésticas y los hombres tan sólo les dedican treinta y siete minutos estaremos en una situación de clara y abrumadora desigualdad en las responsabilidades domésticas.

Queramoslo o no, todas estas situaciones discriminatorias tienen su raíz en la tradición cultural. Otra cuestión quizás sería hasta qué punto se puede acelerar el cambio, es decir, que las cosas cambien más rápidamente de lo que lo hacen. Pero atengámonos a las correlaciones, porque si la situación social cambia, es decir, si la división entre hombres y mujeres se separa o se mezcla indistintamente producirá conflictos, pero el temor de algunos hombres a que la mujer obtenga la plena igualdad no puede justificar nunca que los hombres sigan contribuyendo a mantener la estructura de dominación excluyente que históricamente han creado.

La vida es bastante compleja, y cada movimiento social lleva consigo «una ola de viento» que puede empujar en direcciones insospechadas pero necesarias. Algunos hombres están confusos ante los espacios que la mujer reclama de una forma natural y racional en el medio público o en el privado, y se encuentran ante un nuevo escenario tan lógico como imparable como es la búsqueda de igualdad entre géneros. Muchos hombres, que son incapaces de asumir que la historia no ha sido justa con las mujeres, perciben que empieza a desmoronarse la construcción en la que habían asentado su vida y sobre la que sustentaban sus comportamientos machistas. Son los momentos donde surgen los conflictos, porque ahora deben compartir de igual a igual con las mujeres los ámbitos públicos y privados (la presencia de las mujeres en el trabajo, el mayor número de mujeres que se encuentran en estos momentos en la universidad, la exigencia a los hombres para que compartan las responsabilidades laborales, políticas, familiares o domésticas...). Este nuevo escenario, que por fin ha surgido de forma imparable en estos últimos años, está creando tensiones en algunos hombres, que con sus resistencias están perjudicando el camino de la plena igualdad.

No debemos tampoco olvidar que las mujeres también han sido desde siglos en muchas ocasiones receptoras pasivas de la intolerancia machista, y como muy bien nos apunta la periodista Margarita Riviere, «las mujeres en su pasividad y en su aceptación de las convenciones y estereotipos, también han perpetuado en sus hijos este síndrome machista». Por eso, los hombres y también las mujeres, se encuentran en la encrucijada de buscar un nuevo rol para adaptarse a esta nueva realidad que está naciendo. Pero no olvidemos que esta adaptación necesita de sus tiempos para asimilar la transición y favorecer que los cambios no se produzcan de forma brusca porque genera problemas y situaciones indeseables. Ahora bien, cuando llegan los problemas, la mujer casi siempre es la que tiene que situar el punto de equilibrio dentro de la pareja, porque los hombres, con sus actitudes machistas y en algunas ocasiones prepotentes, no son capaces de asumir las nuevas responsabilidades y compartirlas en igualdad de condiciones.

Piensan que su masculinidad (imposición de ideas, patrones, costumbres, actitudes prepotentes...) puede quedar deteriorada delante de las mujeres, sin darse cuenta que ellos mismos son víctimas de sus propios comportamientos. Son conflictos que les crean desequilibrios emocionales que afectan a su vida cotidiana y a la relación con su pareja y con sus hijos.

Muchos hombres también han interiorizado culturalmente que son el eje central de la familia, porque tradicionalmente han creído que con la simple aportación económica al mantenimiento familiar están cumpliendo con sus obligaciones y responsabilidades. Cuando se producen tensiones en el entorno familiar, se demuestra en demasiadas ocasiones la poca capacidad de respuesta que tienen los hombres por la visión tan simplista que tienen de las responsabilidades familiares. Casi siempre, son las mujeres las que se enfrentan con más decisión y dinamismo a los problemas cotidianos, ya que ellas han desarrollado una mayor capacidad de respuesta. A lo largo de su vida, han tenido que afrontar la crianza de los hijos y las labores caseras, gestionar la economía familiar, atender sus obligaciones educativas o laborales y, en ocasiones, sufrir además la pasividad o la prepotencia masculina de su pareja.

Las mujeres en estas condiciones han desarrollado una mayor capacidad de sufrimiento y han aprendido a enfrentarse con más coraje a los problemas de la vida porque viven en un mundo donde los hombres siguen pensando que el poder reside en la capacidad de dominar a las mujeres en todos los ámbitos profesionales y de convivencia. Estos comportamientos son reacciones de debilidad y de inseguridad que a veces les conduce a la dominación de la mujer para demostrar su superioridad y creer que controlan la situación a través de actitudes machistas. Las mujeres, ante estas condiciones de inferioridad y desigualdad, se enfrentan a los problemas cotidianos haciendo lo que creen que es necesario hacer, arriesgando a pesar de las barreras, del miedo y en ocasiones del dolor, tomando decisiones lógicas aprendidas de la dura experiencia de su propia vida.

La naturaleza ha concedido también a las mujeres la posibilidad y a la vez la «trampa» de ser madres. No me refiero a la palabra trampa en su significado negativo, porque muchas mujeres deciden libremente dedicarse sólo y exclusivamente a ser madres. Me refiero a esas otras mujeres que quieren conciliar la maternidad con la vida profesional. He podido experimentar cómo, desde el momento en que la mujer es madre, ve condicionada su vida laboral, educativa, de relaciones sociales y hasta con su propia pareja. Los hombres, aunque sean padres, no asumen en general las mismas responsabilidades que la mujer en la crianza de los hijos, ya que tradicionalmente se han ocupado de la vida laboral remunerada. Por eso mantienen con mayor seguridad sus puestos de trabajo y la seguridad económica. Ellas, por la presión social que tienen que soportar, en ocasiones tienen que abandonar sus puestos de trabajo cuando no son despedidas por este motivo. La ausencia de recursos para atender sus necesidades y las de sus hijos las sitúa en la órbita de la dependencia económica de su pareja, y el dramatismo es mayor cuando se separan, porque la dependencia permanece en forma de pensión, limitando en ambos casos su capacidad de elección y de libertad para decidir sobre su propia vida.

A pesar de los logros conseguidos en el mundo desarrollado sobre la liberación de la mujer en el campo laboral, las empresas, casi siempre dirigidas por hombres, consideran la maternidad como una limitación, y aunque el nacimiento del primer hijo marca cada vez menos el momento del declive en la participación laboral femenina, el número de hijos sí es un factor determinante de dicha participación. A medida que aumenta él numero de hijos disminuye correlativamente la tasa de actividad de las mujeres, ya que la atención a los niños pequeños es una ocupación tan intensa que no se puede compatibilizar fácilmente con el trabajo extradoméstico. La maternidad es una experiencia vital tan fundamental para muchas mujeres que el tiempo dedicado a su profesión lo viven con tensión y con complejo de culpa. Este dilema entre maternidad y trabajo en nuestro país se ha saldado, hasta ahora, con una reducción espectacular de la tasa de natalidad, hasta llegar a situarnos en uno de los niveles más bajos del mundo, convirtiéndose en uno de los problemas sociales de mayor trascendencia.

A los hombres también nos han hecho creer que las mujeres son responsables del cuidado y educación de los hijos, pero también de los éxitos y de los fracasos dentro de la familia, y el sentimiento inculcado de culpabilidad se apodera de algunas mujeres, haciéndolas sentirse fracasadas como madres y solas por el poco apoyo que tienen de su pareja. Estos conflictos les crean infelicidad, estrés y finalmente las lleva a la depresión. Los hombres, mientras tanto, no buscan el porqué de las causas y de los problemas. Están educados en la fuerza, en la competencia, en la energía y en el control de las emociones y se están perdiendo lo más esencial de la relación con la pareja, que es el compartir en situación de igualdad todos los espacios cotidianos. Pero ante este oscuro panorama, ¿qué podemos hacer? ¿Es preciso que los hombres se incorporen al discurso de las mujeres? ¿Es necesario que los hombres expresen sus pensamientos y sentimientos acerca de las relaciones de igualdad entre hombres y mujeres? ¿Es conveniente que los hombres desde posiciones de partida diferentes contribuyan al debate de la igualdad? ¡Sin lugar a dudas que es necesario! Hay que empezar a ser conscientes de que nos hemos adentrado en la crisis de la concepción de lo que tradicionalmente se entendía como estereotipo de lo masculino. Las mujeres, a través de la fuerza de la razón y por el coraje que han demostrado en estos años con sus justas reivindicaciones, están produciendo un cambio social sin precedentes en la historia del mundo que nos está permitiendo asistir al nacimiento de una sociedad mucho más justa y democrática, basada en una mayor libertad e igualdad entre sexos. En estas condiciones, el estereotipo tradicional masculino ha empezado a cambiar irremediablemente. Como decía hace muy poco tiempo el pensador francés Guilles Lipovetsky, «la época que relegaba a la mujer al espacio doméstico y la apartaba de la sociedad política esta prácticamente superada».

Las mujeres, desde concepciones feministas, han avanzado en el planteamiento y formulación de nuevos modos de convivencia, de relación y de comunicación entre los sexos basados en la igualdad de oportunidades y de derechos. Los hombres debemos entrar lo antes posible en este proceso que por fin se ha hecho irreversible, y entre otras muchas acciones debemos empezar a reflexionar recíprocamente entre los hombres, y entre hombres y mujeres, empezando a redefinir nuestros espacios y nuestras posiciones como asimismo a proponer ideas que favorezcan la igualdad.

La educación es el mejor instrumento para lograr los objetivos de igualdad y desarrollo. La educación no discriminatoria beneficia a ambos sexos y nos coloca ante un futuro de relaciones más igualitario. La educación y la formación facilitan la independencia económica y ésta a su vez permite a las mujeres tener más libertad de elección:

un elemento básico para iniciar el camino de la recuperación de la autoestima para muchas mujeres.

Actualmente existe unanimidad tanto en organismos nacionales como internacionales sobre la importancia de la participación activa de la mujer en la educación y en la economía a través de su actividad laboral y empresarial. En este sentido Kofi Annan, Secretario General de las Naciones Unidas, ha reconocido «que no hay estrategia de desarrollo posible sin igualdad». Sin lugar a dudas que cuando las mujeres se emancipan todos, absolutamente todos, salimos ganando.

El acceso de la mujer a la educación ha cambiado la mentalidad de las nuevas generaciones, que ya no conciben el trabajo como algo complementario, sino como un derecho y una necesidad que va unida a los derechos legítimos de un mayor grado de independencia y libertad a la hora de conseguir la realización personal y profesional. A ello ha contribuido un evidente cambio de mentalidad. Una mejora en la educación y en la capacitación ha creado condiciones más favorables de acceso a la actividad laboral remunerada. Y por ello, es necesario seguir fomentando y creando espacios educativos y sociales donde se forme en la igualdad a niños y niñas, promoviendo imágenes no estereotipadas de las mujeres que contribuyan a eliminar las causas de discriminación y las desigualdades entre ambos sexos. Uno de los mejores especialistas en el tema de la masculinidad, Luis Bonimo Méndez, director del Centro de Estudios de la Condición Masculina, mantiene que «debemos generar actividades educativas, preventivas y de sensibilización dirigidas a varones, niños, jóvenes y adultos que les permitan involucrarse en la transformación de la masculinidad y en el desarrollo de comportamientos respetuosos y cuidadosos».

También es necesario que hombres y mujeres (independientemente de su formación académica y nivel cultural), tuvieran la posibilidad de seguir adquiriendo conocimientos a lo largo de su vida, sobre todo cuando ha pasado la juventud, porque los hombres y algunas mujeres con sus actitudes siguen potenciado los estereotipos machistas y la desigualdad de sexos reproduciendo patrones culturales obsoletos y desfasados.

Entre otras herramientas para este reciclaje, algunas las podemos encontrar en los medios de comunicación. Es algo cómodo que tenemos en casa, a lo que podemos acceder fácilmente porque los sistemas de información basados en las nuevas tecnologías se han convertido en elementos cada vez más cotidianos e importantes del aprendizaje y de la difusión de conocimientos. No olvidemos que, entre los medios de comunicación, lo más cercano que tenemos es la televisión, que influye especialmente en todos nosotros porque transmite valores y conocimientos, y los medios de comunicación (prensa, radio televisión, Internet...) pueden ayudarnos a avanzar culturalmente en este mundo de diferencias, distancias y controversias que hasta ahora han enfrentado a ambos sexos, siempre y cuando los medios de comunicación se sensibilicen aún más por este gran cambio.

Si queremos ayudar a construir pacíficamente un mundo más igualitario entre hombres y mujeres, deberíamos también plantearnos la participación masculina individual y colectiva en el campo feminista, porque siempre ha sido un movimiento de vanguardia, de progreso y de cambio de patrones culturales. El feminismo consiguió que las mujeres tuvieran derecho al voto, y ahora reivindica el derecho a la democracia paritaria. El feminismo ha generado una mejor calidad de vida para el conjunto de las mujeres, ayudándolas y ayudándonos, sobre todo a los hombres, a hacernos conscientes de nuestra condición y dándonos argumentos para superar la división de roles promoviendo un nuevo marco de convivencia más justo. Como parte implicada, los hombres tenemos que incorporarnos a las estrategias feministas, porque están favoreciendo la transformación de las normas sociales, políticas, jurídicas y culturales.

Para construir ese camino tenemos que abandonar esta cultura patriarcal masculina impregnada de tintes arcaicos que ha marcado el dominio de los hombres sobre las mujeres: incluirnos en este debate supone cuestionar nuestros hábitos machistas; pensar en la masculinidad como objeto de análisis, reflexión e investigación, que nos conducirá a tener un mayor conocimiento de nosotros mismos y de nuestra relación con las mujeres. También deberíamos comprometernos a romper el silencio machista y colaborar activamente en la construcción de un mundo más justo, donde acabemos con los estereotipos, mitos y tradiciones que condicionan la vida de las mujeres.

Los hombres también deberíamos tener una actitud más abierta y receptiva con las mujeres. Eso significa que tenemos que ponernos en su lugar para comprender sus deseos, sus sueños, sus angustias, sus justas reivindicaciones para mezclarnos y enriquecernos y, desde la práctica diaria, trabajar por la igualdad en todos los ámbitos cotidianos de nuestra vida.

El camino está siendo largo y tortuoso para las mujeres, que han tenido que pagar un alto precio a lo largo de la historia. El futuro debe ser más racional de lo que ha sido hasta ahora, y es necesario que en estos momentos hombres y mujeres caminemos juntos en la búsqueda de la justicia y la igualdad por encima de la competencia y de los desencuentros. Convivimos, nos necesitamos y deberíamos conocernos mejor para compartir en igualdad de condiciones todas nuestras responsabilidades.

Media España

Juan José Laborda Martín

Media España ocupaba España entera

....

Y pasaban figuras mal vestidas
de mujeres, cruzando como sombras,
solitarias mujeres adiestradas
—viudas, hijas o esposas—

Jaime Gil de Biedma: Años triunfales

Empezar con un poema unas páginas sobre las mujeres: usado recurso de enamorados sin ideas. Después de haber opuesto tres o cuatro argumentos para no escribirlas, he aceptado la invitación: diré algo sobre las mujeres. Había objetado que nunca había reflexionado sobre la condición femenina como para escribir algo original. Otro recurso para esquivar los compromisos: he rebuscado entre mis libros. Junto con títulos de la editorial El Ruedo Ibérico, la obra de Simone de Beauvoir vino de París en mi maleta, por aquellos años en que había que camuflarlos en la aduana de Irún. La he vuelto a abrir. En sus márgenes, caligrafía de amigos y amigas de los tiempos juveniles. Hay una frase subrayada: «Le problème de la femme a toujours été un problème d'homme». Y es un motivo de ánimo. Si no puedo aportar nada nuevo sobre ellas, al menos podría hablar de mí mismo, hacer memoria para situar la presencia de lo femenino entre aquellos que, como yo, hemos sobrevivido con decoro a las consecuencias de la ocupación física y mental de la posguerra. Con decoro: sabiendo que algunas decoraciones dan risa.

Pero el poema de Jaime Gil de Biedma es un gran pretexto. Media España sometiendo. Los historiadores nos han enseñado, recientemente, que esa teoría de las dos Españas es, básicamente, una licencia poética. Quien nos heló el corazón no fue la otra media España, sino una fuerza política sin límites, sustancia hecha de prejuicios católicos y odios de clases sociales atemorizadas, dueña del Estado. Media España, al menos, eran mujeres. Para la generación de las que tienen la edad de la democracia, lo que les pasó a sus madres y abuelas es incomprensible. Aquéllas fueron las verdaderamente derrotadas. Todas. La media España sometida. ¿Cómo esas *mujeres adiestradas* de la posguerra han llegado a ser hoy lo más nuevo de España, lo que más ha cambiado? ¿Y cómo lo llevamos nosotros, aquellos que, aunque comprábamos *El segundo sexo* cuando nos reuníamos *los chicos solos,* somos la prueba sobreviviente de una época en la que todo estaba dispuesto para que ellas se sintiesen sometidas?

Escrito este primer párrafo, el lector podría esperar algo fuerte. Un relato heroico de cómo fuimos algunos capaces de superar todo aquello que, ciertamente, era espeso. Sin duda, la educación que recibíamos, aunque no quisiéramos, nos podía haber dejado tarados. Separación de sexos, la mujer un ser peligroso, asociado al pecado, e incluso a la muerte súbita, caminito derecho a las condenaciones eternas que sudorosos clérigos nos predicaban a gélidos muchachitos, por más esfuerzos que hiciéramos por distraernos. Para los de mi generación, no hubo tregua con la naturaleza. Nada más descubrir que la mujer, además de ser distinta, era algo atrayente, una multitud de autoridades nos cayó encima con las nociones de pecado. ¡Hay que ver qué matices! ¡Qué casuística! Ahora que descubro el tiempo que ha transcurrido, porque he olvidado rezos que habré repetido en alta voz durante once años, sería capaz de discurrir sobre si besar en la boca a una chica es pecado mortal o venial. ¿A quién pensaban aquellos instructores nuestros íbamos a besar en la boca *los* cincuenta bestias de trece años que nos sentábamos en un aula, esperando el sonido de la campana para difundirnos por la ciudad rumbo a casa? Eso sí, tras haber compartido en grupo un trayecto durante el que no faltaban charlas obscenas y procaces, la *mayéutica* de barrio con el que dábamos la razón a nuestros moralistas: sexo y mujer iban juntos.

Esa asociación ha sido inculcada con tal esmero teológico que, probablemente, ha llegado a ser entre nosotros una hipóstasis: un concepto con el que nos explicaban los misterios de la Trinidad. No nos hicimos, en general, particularmente obsesos, ni lascivos, ni sensuales, como se temían nuestros mayores. Más bien fue lo contrario, y es una lástima. Pero, probablemente, los trabajos que pasamos para asimilar aquella educación tan especializada en cuestiones de sexo y el esfuerzo para quitárnosla de encima pueden explicar que nuestra generación haya innovado poco la moral sexual y las relaciones entre los géneros. En realidad, los chicos de entonces hemos llegado demasiado confusos y mal entrenados para aportar de nuestra parte lo que correspondía a lo que han hecho las mujeres en estos últimos años. No hemos estado a su altura, y por eso ellas han cambiado más y mejor que la sociedad en su conjunto.

Media España, mujeres. Mujeres derrotadas. Al descubrir cómo, durante la Segunda República avanzaron en sus derechos, rechina recordar el lugar en el que oficialmente estuvieron durante la dictadura. Todas las catástrofes las alcanzaron. Mi madre ha contado a sus hijos y a sus nietos cómo era el Instituto de Portugalete donde estudiaban niños y niñas juntos. Después llegó la separación de sexos, la purga de maestros y maestras, el cierre de su instituto. Para las de su generación, se acabaron los estudios. Probablemente, por ello, esa generación de mujeres ha amado más los libros que sus hermanos y maridos. La lectura les traía buenos recuerdos, un espacio donde la imaginación podía volver a encontrar la libertad perdida. Los hombres bastante tenían con asimilar las nuevas virtudes viriles que se predicaban de ellos y de su misión. Estudio, trabajo, sacrificio y valor: todo era lo mismo, así que se les fueron las ganas de leer. Puede parecer una exageración, pero creo que hay una línea que conduce directamente desde las mujeres de la posguerra a las combativas mujeres de hoy. Y no sólo eso: dicha línea alcanzó a la generación de hombres que protagonizaron el cambio político de los años setenta. Y podríamos hacer alguna consideración sobre la superior proyección que hacia el futuro tiene su programa para conquistar nuevos derechos y oportunidades, si lo comparamos con la moderada vitalidad de otros programas que surgieron a la vez que la reivindicación feminista en los años sesenta, y que parecían ser cosa de hombres: la igualdad social, la paz mundial o la liberación del Tercer Mundo.

Así que, los chicos que nacimos unos años después de que llegase la paz a Europa, cuando lo peor estaba pasando, tenemos una percepción de lo femenino que debe ser muy parecida a la que tenían los varones europeos anteriores a la revolución industrial. En general, nuestras madres se quedaron en casa. El trabajo productivo era función de sus otras mitades masculinas, quienes a su vez, estaban llamados a ser dos mitades también, la una monje, la otra soldado. Cuando se nos explicó en los textos de *Formación del Espíritu Nacional* esta cualidad excepcional de los machos hispánicos, empezamos a sentir algún escepticismo. Bastaba con recordar nuestros domingos por la tarde. Los hombres adultos de nuestros entornos, por lo general, aparecían como débiles y fatigados especímenes, aquejados de sopores que delataban su fragilidad, mientras las mujeres del mismo entorno, cada una con una vida entera de trabajo a sus espaldas, alegraban los patios de la vecindad con sus risas y conversaciones. Antes de que el fútbol radiado impusiese su momento de silencio, con el mismo y perdurable poder de la liturgia eclesial, había unas horas dominicales dominadas por la voz de las mujeres.

El descubrimiento de lo femenino y singular empezó, entre nosotros, con el trabajo de las mujeres en nuestras casas. Era un mundo precapitalista. No había horarios, ni sueldos, era una actividad sin solución de continuidad. Años después leímos los textos de los conquistadores españoles en América. Las mujeres indias, mientras sus hombres cazaban o guerreaban, creaban y mantenían la cultura de aquellas sociedades. O los estudios del sabio Vera Gordon Childe sobre la revolución neolítica. Las mujeres, actores básicos de una gran transformación, la de criar animales en vez de cazarlos, la de cultivar en lugar de recolectar, la de construir hogares y guardar la comida y la bebida para dejar de vagar y buscar guarida y alimento. En pequeño, algo así sucedía en nuestras cocinas de posguerra, mientras nuestros parientes masculinos nos dejaban bajo la protección de nuestras madres, tías o abuelas. Era algo que tenía que ver más con el arte que con la industria. La rutina de la limpieza, de los lavados de ropa antes de que hubiera máquinas lavadoras, ascendía a la perfección con la parsimonia del guiso. La naturaleza llegaba, para los niños urbanos, de mano de las mujeres. Las verduras, los animales, el carbón, el fuego, el dolor de la quemadura o el drama de la muerte de un conejo o de una gallina han favorecido el aprecio por una vida sin agobios capitalistas, entre tantos de aquellos muchachitos que nos quedamos en la cocina hasta que cumplimos seis años, que era cuando empezábamos a ser escolarizados en aquellos tiempos en los que no había guarderías ni escuelas maternales, obviamente. Para cuando fuimos entregados a las firmes manos de aquellos frailes y maestros de los planes escolares del cincuenta y siete, teníamos grabado en nuestras neuronas primigenias una actitud vital reluctante a una vida dirigida por la especialización profesional. ¿Cómo ser buen obrero, o buen ingeniero, o buen soldado, si habíamos sido Robinson Crusoe en una isla autosuficiente hasta que tuvimos la edad en la que nos invitaron a arrepentirnos de nuestros pecados por primera vez?

De manera que teníamos uso de razón, cuando quisieron enderezarnos. Ahora comprendo la insistencia en la metáfora del arbolito torcido, a base de la cual llegamos a apreciarnos como puritas anormalidades, botánicas, en verdad. Habíamos pasado una infancia educados por mujeres artesanas. El obrero vende el tiempo que trabaja. El artesano no. Puede vender su producto, pero su tiempo es suyo. El descubrimiento protestante de que el tiempo es oro, algo que, según opinaba Max Weber, impulsó el capitalismo y la vocación de los burgueses productivos, no forma parte del paisaje de nuestra infancia, esa autentica patria que nos descubrieron los poetas y los psicoanalistas. Cuando dicen que los niños de hoy tienen más ventajas que nosotros, hay que aceptarlo. No hay más que ver que ya no son bajitos, gracias a lo cual se ha demostrado no sólo que la teoría de las razas es falsa, sino que también ha desaparecido uno de los motivos literarios favoritos de los que solían filosofar sobre los males de la patria. Pero esos niños de nuestros días, llevados a las guarderías a una hora exacta desde el día en que se les cae el cordón umbilical, alimentados, lavados y entretenidos con precisión relojera calvinista, ya no sabrán como nosotros que la creación de las cosas esenciales no depende de las leyes de la productividad, porque no lo podrán aprender como aprendimos nosotros nuestra lengua materna: junto a unas mujeres que sabían perder el tiempo. Que, por cierto, es la receta de Rousseau para educar a los niños.

Los varones que por edad estaban emancipados de la tutela femenina, solían manifestar desprecio por los niños aún sujetos a la protección de alguna mujer, su madre o la maestra protectora. Algo había y hay, pues esos gestos son perdurables, de machismo, de afirmación ritual ante las hembras. La edad inferior del macho humano es compatible con lo femenino. Y, a veces, quien ha descubierto la diferencia de lo femenino, instintivamente, detecta esa coincidencia, agresivamente. Al intentar imponer su dominación sobre el niño protegido, quiere a la vez enviar un mensaje de advertencia a la fémina protectora. Los jóvenes leones para atraerse la atención reproductora de las leonas matan a sus cachorros. Los que hemos vivido épocas de dilatada tutela femenina sobre nosotros nos ha interesado mucho esa faceta demencial del rey de la selva, pues hemos intuido por qué ese bicho ha sido el símbolo elegido de todos esos tipos que, de mayores, se parecen moralmente a aquellos energúmenos que nos perseguían en el patio de la escuela a los que éramos más pequeños y nos llamaban *nenitas*. También hemos sabido después, gracias al señor Darwin o alguno de sus discípulos, que el denostado lobo, a base de organizarse en equipos dirigidos, intelectualmente, por lobas protectoras de la chiquillería lobuna, se sacó a los leones de encima en todas partes, excepto allí donde los encontró el hombre civilizado cuando empezó a dedicarse a la guerra y a pagar poetas que cantasen sus hazañas homicidas: en lugares con moscas, cerca de las selvas.

Antes de que la niña de los juegos se convierta en un ser atrayente, antes de que su mirada localice la de su compañero adivinando alguna parte secreta de su cuerpo, ha podido existir una etapa de camaradería, el mejor descubrimiento de otras sociedades distintas de la familiar, para el muchacho que vivió sus primeros años entre mujeres. La amistad entre el niño y la niña crea entonces una camaradería inteligente, en la que la fuerza bruta cede sitio al ardid, a la fantasía, al relato y a la búsqueda en los juegos. Esa relación es creativa en la naturaleza. Es posible que nos retrotraiga al momento en que el cazador descubrió atónito la capacidad de su compañera para, jugando, fabricar con barro la primera cántara y comprobar que con el tiempo el sol la endurecía. Cuando esa relación se ha producido, quien la conoce, no tendrá ya dificultad para aceptar no sólo la igualdad con las mujeres, sino su superioridad. En todo caso, se revela el potencial creativo de la pareja hombre y mujer. La literatura ha descubierto que todos, intuitivamente, deseamos vivir esa igualdad. El bosque de Sherwood siempre se ha dicho que era nuestra infancia. Y el personaje de lady Marian, la novia de Robin Hood, es un ejemplo reciente de un mito que descubrimos debajo de otros nombres de mujeres famosas. Probablemente, desde las Lilith y Eva del Paraíso, pasando por Cleopatra, hasta llegar a los personajes interpretados por Katharine Hepburn en el cine, trasunto de ella misma. No parece justo suponer que quienes derogaron la coeducación republicana eran sólo unos legionarios cuya opinión sobre las mujeres iba de la conocida misoginia de *Franquito* a las experiencias sexuales tras la batalla. La relación igualitaria en la pareja despierta en quienes tienen la misión de hacerse obedecer la prevención ante lo que es inteligente. El relato de Eva, excitando a su compañero a descubrir lo desconocido, tal vez la certeza de la muerte, que hace al hombre desear la conciencia de la felicidad, no solamente sentirla como los animales, no está sólo en nuestra tradición. Los dos relatos bíblicos en los que se trata ese asunto del pecado original, que, si se mira bien, aunque no lo parezca, son la base de todos los sofisticados pronósticos sobre lo que nos va a pasar cuando nos muramos, tienen sus equivalentes en las tradiciones egipcias y babilónicas de aquellos emocionantes siglos posdiluviales. Eso dicen los estudiosos. Y el caso es que siempre hay una mujer descubriendo el mal, poniendo el contador a cero en la historia humana. A partir de ese momento, la pareja igualitaria es corregida por alguien que cierra el paraíso y ordena que el hombre empiece a mandar a la mujer. Hasta nuestros días, un cierto exceso de estudios teológicos practicado por hombres ocasiona disgustos a las mujeres, incluyendo el de ser legalmente lapidadas. En todo caso, como nos ha pasado a los de nuestra generación, Adán ha sido, por lo general, incapaz de seguir a Eva y dar la cara por ella y por sus planes.

Mediados los años sesenta, también en España empezaron a cambiar las cosas. En América la gente quería algo distinto a esa moral estrecha que siempre se instala con la derecha en el poder, aunque esa derecha fuese Eisenhower. Su vicepresidente Nixon perdió ante Kennedy, y aquel presidente se coló entre nosotros, más de lo que era recomendable para los intereses de los que velaban por los nuestros, mirando a la lucecita que estaba encendida en una ventana del Palacio del Pardo, según la metáfora de Arias Navarro. La causa residía en que Kennedy era católico, y en un primer momento aquello aparecía como algo que daba la razón a la misión para la que habíamos sido creados y gobernados los españoles. También influyó bastante el papa Juan XXIII, aunque en asuntos de moral y de mujeres las diversas autoridades de aquí controlaban mejor lo que venía de Roma que las imágenes de la señora Kennedy, una católica que leía, tenía opinión, invitaba a un antifranquista como Pau Casals a tocar el violoncelo en la Casa Blanca y quería más igualdad para las mujeres, empezando por las de piel negra. Fue también, el tiempo de los Beatles. Ahora, hasta Álvarez del Manzano los condecoraría. Pero en aquellos años, la verdad, el primer ministro socialista británico Harold Wilson nos parecía increíble por hacerlo. Recuerdo una foto de los cuatro músicos de Liverpool en la famosa puerta número 10 y a aquel señor tan risueño, con su pipa y su tipo de librero amable. El contraste con aquellos ministros nuestros con uniformes blancos y gafas y bigotes negros era notable. Años después, Eric Hobsbawn, al escribir sobre la historia británica de aquellos años, sostenía que los Beatles, con sus melenas, sus trajecillos estrechos y sus botines, eran la expresión de los jóvenes obreros de los barrios urbanos británicos, una subversión del atildado, mojigato y cínico estilo de vida de las clases medias conservadoras de la isla. Las opiniones irreverentes de Lennon sobre Jesucristo confirmaron, a los que por entonces escribían en la prensa contra el aspecto afeminado de los de Liverpool, que el cuarteto musical era un peligro potencial. Ciertamente, un cambio cultural se estaba produciendo, y la España necesitada de divisas turísticas y con su incipiente industria consumista ya no podía seguir siendo más un recipiente sellado.

Las películas sobre el cuarteto dirigidas por Richard Lester, vistas hoy, son más una travesura que algo subversivo. Pero en ellas ya se detecta el cambio en la actitud de la mujer respecto al hombre que se difundirá a partir de aquellos años. La mujer deja de ser un objeto pasivo de seducción, para ser sujeto que podía tomar la iniciativa. Las chicas perseguían a sus héroes. Lester llevaba a la pantalla lo que en realidad sucedía en sus conciertos. Ciertamente, no era la primera vez que en el cine la mujer aparecía así. La Hepburn lo había hecho maravillosamente con Spencer Tracy, y la gente que la veía en la pantalla sabía también que, en la vida real, sucedía lo mismo. Pero lo que alarmaba a algunos intuitivos reaccionarios de la época, incluso en Estados Unidos, es que ya no era una mujer la que tomaba la iniciativa ante un hombre. Eran masas de chicas las que perseguían a los Beatles. Se estaban empezando a perder las formas. Y las jerarquías.

Lo que estaba ocurriendo, no era nuevo. Entre nosotros, el antecedente era la generación de mujeres republicanas de los años treinta. Manifestación de una fase anterior de progreso femenino, siempre asociado a momentos de amplitud creativa y tolerancia social. El mérito de aquellas mujeres fue mayúsculo. Pelearon para conseguir el derecho de voto para la mujer aun sabiendo, como se lo advertían sus compañeros varones de las izquierdas políticas, que podían llegar a ejercerlo influidas por los púlpitos. Pero ahí estaba su confianza en la capacidad del ser humano para elegir su destino. Las mujeres votaron por primera vez, y ganaron las derechas. Votaron por segunda vez, y ganó el Frente Popular. Lo importante fue que unas mujeres llegaron a la conclusión de que la democracia es imperfecta si no está abierta a todos. Entendieron lo que no parece aceptar nuestro actual presidente del Gobierno: el derecho a votar se pide para ser libre, no para estar maduro. Esa idea franqueó por entonces la puerta a que la mujer tomara la iniciativa. A que el ideal de la pareja igualitaria, como en toda etapa de rebeldía, volviese a irrumpir, dejando huellas en el arte. Ramón J. Sender nos encantó con ese amor entre iguales, el protagonista de *Crónica del Alba* y su compañera de juegos infantiles, que naturalmente acaba siendo una combatiente antifascista en la guerra civil. Esa mujer existió, y me habló de ella su hijo, un magistrado aragonés que tenía una mentalidad tan aristocrática que se hizo famoso en Burgos por fallar en su juzgado laboral a favor de los trabajadores y contra las empresas. Sentía un desdén olímpico por los burgueses que le pagaban poco por hacer que se cumpliesen sus leyes, solía comentar. Hablamos muchas veces de la guerra civil y de lo que se perdió en ella. Hablamos de mujeres, por las que sentía una curiosidad intelectual como la que despiertan los misterios de la belleza artística. No hablamos mucho de la historia de amor que noveló Sender, porque yo sentía que le embarazaba hacerlo. Pero sí lo hicimos de la idea de la pareja igualitaria, que se dió entre los milicianos y milicianas que organizaron las colectividades anarquistas en el Bajo Aragón, que le atraían como hecho histórico. La idea de la mujer igual al hombre, también en el plano sexual, como les sucede a los reaccionarios que no son conservadores, especie muy judicial desde que en Francia los tribunales se llenaron de jansenistas, a mi amigo magistrado le fascinaba tanto como le horrorizaba. Por eso, su capacidad para apreciar lo que las mujeres habían perdido con la guerra civil, en muchos perfiles, era superior a la de quienes deseábamos recuperar el retraso. Su lucidez era completa: racionalmente estaba de acuerdo, pero en lo profundo de sus creencias sentía temor a que estuviese a punto de volver a producirse. Vi en él tan clara la injusticia del paso del tiempo. Por eso, en política, la historia sirve para justificar la desigualdad. En el fondo, estaba lamentándose por no tener la edad apropiada para vivir intensamente el cambio que se estaba produciendo en España. Eran los años de la transición. Tal vez deseaba tener la edad que tenía Sender cuando se enamoró de su madre y, también, del riesgo de la libertad. Pero para él, era muy tarde para reivindicar un tiempo en que la historia frustrante de aquella mujer resumía la frustración de las mujeres de su tiempo.

Esos años de cambio fueron comunes en Europa y América. En España, tuvieron manifestaciones singulares, por las características de un régimen totalitario, cuya evolución lo había hecho más reaccionario que fascista. Pero las causas sociológicas eran las mismas. Por entonces, era muy común que los equipos moralizantes habituales, que ya salían en televisión, advirtieran contra el *afeminamiento* del carácter de los españoles. Era una advertencia de que un incremento de las influencias femeninas auguraban cambios incontrolables. Y ciertamente, las mujeres estaban ampliando sus derechos en todas las esferas, desde la del trabajo hasta la de sus relaciones con los hombres. En aquellos años, empezaron a conocerse los primeros estudios sociológicos, que se difundían y comentaban mucho. Así, se descubría que era mucho más común de lo que se creía que las mujeres usaran contraceptivos. De modo que esos informes eran, algo así, como sismógrafos que produjesen la reiteración de terremotos. De pronto, esa mujer que había seguido leyendo mientras su marido estaba en la fábrica, en el campo o divirtiéndose, descubre en una revista que lo que ella llevaba pensando años no era una anomalía. Ha leído que millones de mujeres piensan igual, o quieren lo mismo. Una sociedad fracturada como la española de los años sesenta se empezó a constituir en sociedad civil, gracias a la comunicación. Y en ese proceso, las mujeres fueron decisivas, porque estaban más atentas y mejor informadas. Es evidente que hay que rendir un homenaje a aquellas publicaciones como *Triunfo* o *Cuadernos para el Diálogo* que supieron abordar con valentía, y contando con la colaboración de escritores católicos como Enrique Miret, la necesidad de crear nuevas pautas morales. Pero lo cierto es que cuando las revistas especializadas en la exaltación de las vidas de artistas, aristócratas y notabilidades del régimen que casaban a sus hijas en iglesias selectas empezaron a reflejar con circunspecto respeto que algunas de aquellas mujeres de *buenas familias* se casaban preñadas o se separaban, empezó a divulgarse aquello de que lo que era normal debería pronto convertirse en legal.

Los cambios sociales y culturales que se producen en los años sesenta y cuyos símbolos son las luchas contra la guerra de Vietnam y a favor de la igualdad de derechos en Estados Unidos, la revuelta francesa de mayo y la horrenda invasión soviética de Checoslovaquia en agosto de 1968 se reconocen también en España. Entre nosotros, tardó más tiempo en producirse la reacción contra las más avanzadas manifestaciones de cambio moral. En Estados Unidos, en Gran Bretaña y en otros países, hacia los años ochenta, desde la política, los medios de comunicación, e incluso desde el cine, se responsabiliza a la libertad de costumbres, frase favorita de los inquisidores contemporáneos, de la decadencia de las naciones. En España, fue más tarde: en realidad, en los años sesenta, quienes simpatizábamos con Robert Kennedy y, después, con Eugene

J. McCarthy, quienes esperábamos una verdadera revolución social en Francia y quienes dimos un portazo definitivo a los comunistas al ver lo que habían hecho contra el gobierno de Alexander Dubcec, en materia de costumbres, éramos más puritanos que defensores del amor libre. Sin embargo, entonces se avanzó de nuevo hacia una fórmula de pareja igualitaria. Algo cooperativo entre el hombre y la mujer. Los signos externos de aquellos años, las apariencias, chicos que parecían chicas, y chicas que actuaban como chicos, el afeminamiento censurado por los de las esencias nacionales los podemos interpretar hoy como un deseo y una disposición que no sobrevivieron. Una escritora ha dicho, recientemente: «¡Queríamos acabar con las corbatas, y hoy está todo lleno de ellas!». Incluso las portan mujeres en elegantes acontecimientos. Luego llegaron los ochenta: especialmente entre los hombres, incluso entre los antiguos activistas políticos, el cambio en los comportamientos sexuales y en la relación con las mujeres se produjo entonces: tarde y a destiempo. Ya estaba desvinculado de las aspiraciones de crear una moral nueva, lejos de la idea de buscar con la mujer una relación igualitaria. El cambio se redujo a *movida*. Hubo más hedonismo y autoafirmación que innovación. Miramos a nuestro alrededor, y encontramos, afortunadamente, que la gazmoñería ha sido ventilada. Las relaciones entre hombres y mujeres son más libres, más equilibradas, es sincera la censura social contra bárbaros comportamientos machistas aceptados y celebrados en las épocas de la autarquía. Afortunadamente, la gente se divorcia normalmente. Pero si queremos encontrar una nueva manera de organizar la familia, lo probable es que la hallemos entre unos pocos jubilosos sobrevienes que sufrieron la guerra civil y que, al final de sus vidas, han sabido hacer lo que la generación de los sesenta no supo. Usar la libertad para establecer, por ejemplo, una relación de pareja igualitaria, en la que la fidelidad está basada en la verdad y en la comunicación constante, en afirmar la relación potenciando la dimensión personal de cada uno y su propia libertad, en vez de alienarlas a las servidumbres conyugales. Y si quisiéramos descubrir innovaciones morales en las relaciones sexuales entre los seres humanos, tendríamos que ir a buscarlas entre las mujeres que han decidido vivir solas o entre los homosexuales. Aquí, lo mismo que en los llamados países de nuestro entorno. ¡Otra vez estamos cercados! El reloj está ya sincronizado. Hay una hermosa película crepuscular sobre la relación entre Robin Hood y lady Marian. Ella ha vivido sola: le ha esperado en un convento. Gracias a eso es posible que la historia empiece de nuevo. Se han hecho viejos y quieren volver a Sherwood y vivir un amor entre iguales. Seguir combatiendo desde allí la tiranía. Pero ya no es posible. Deciden no sobrevivir. ¿Hubieran debido, como los proscritos de los años sesenta, regresar a la ciudad y subir las escaleras del palacio?

Puede que las tareas hayan sido tantas que cuando llegaron al palacio, al principio, sin corbata, o estaban muy cansados o creían que desde allí se podrían terminar las que faltaban. Era difícil que pudieran acertar con las mujeres. Encuadrados en un sistema educativo, como dijo Carlos Barral en un debate sobre la escuela en el Senado, que *inculcaba*, es decir, que metía a patadas saberes y prejuicios con la misma eficacia, habían aprendido a la vez lo que sabían de la mujer, del sexo y del poder. Robert Musil, y hay que retener que vivió también en un país católico, nos ayuda a entender nuestro aislamiento y la difícil conquista del equilibrio entre la razón y los sentimientos en *Las tribulaciones del estudiante Törless*. Emerger desde la oscuridad de la noche del sexo culpable y de las relaciones de dominación hacia la luz que le permite verse como es le obliga a irse de ese instituto de sólo hombres. El relato termina cuando el joven Törless serenamente deja atrás ese lugar cerrado, una metáfora de cualquier dominación cultural, desde luego, la que vivimos nosotros, y descubre el mundo exterior. Y lo hace cuando absorbe el perfume que exhalaba el corpiño de su madre.

La niña que veíamos desde aquellas aulas masculinas como las del estudiante Törless podíamos verla guapa o no. Pero no era fácil que apreciásemos algo más. Si era inteligente, no lo comprendíamos. Como no nos podíamos comparar con ellas, las inteligentes, eran empollonas, es decir, sabían cosas, pero eran, también en ese plano, distintas. Es decir, sencillamente se podía llegar a la conclusión que su saber y su capacidad no eran útiles o necesarias. En todo caso, para leer libros cuando les llegase la hora de montar un hogar.

El mito del *misterio femenino* puede que sea una elaboración mental para afirmar la superioridad masculina. Un hombre, hombre, debía tener las mismas dificultades para coser, para sentir la poesía o para entender a las mujeres. Por algo no paríamos. Así que, en el colegio bilbaíno donde yo estudié el bachillerato, sólo se podía estudiar ciencias. Las letras no eran de hombres. Es decir, el ideal contemporáneo consistía en ser ingeniero. Ahora que lo pienso, la escuela de ingenieros, incluso por los años setenta, era una prolongación del instituto del joven Törless, sólo que en versión hispánica, mejor dicho, vasca, que en esta materia, como en otras, es la más hispánica de las hispánicas versiones. Los hombres, juntos, avanzaban en edad y sabiduría hasta que se echaban novia, en el mejor de los casos. A partir de ahí, entendían a *su* mujer, lo que no era garantía de entender lo que estaban haciendo las mujeres, ya por entonces. Como no podía ser de otro modo, yo tenía muchos amigos ingenieros. De ellos, el que más temprano se emparejó, recuerdo que se empeñaba en mantener aislada a su novia de nosotros, no porque tuviésemos hacia ella, una chica realmente preciosa, intenciones lúbricas, sino porque quería conservarla en una especie de limbo, singularmente en materias sexuales. Está mal el decirlo, pero su prevención era hacia nuestras conversaciones, porque nuestras prácticas sexuales eran muy parecidas a la suya: echar unos *bailables*. Ortega y Gasset me parece que dijo una vez que la humanidad se dividía entre monstruos e imbéciles. Y es patente que la quintaesencia del español, por supuesto un ingeniero de Bilbao, perseguía de buena fe el objetivo de casarse con una imbécil, probablemente una garantía absoluta de virginidad, por entonces algo todavía muy cotizado, mediante el recurso de aislarla de sus monstruosos amigos, aquellos con los que él mismo había aprendido las cosas de la vida que no consideraba apropiadas para aquel ideal de inocencia con el que había decidido casarse nada más *colocarse* de ingeniero.

Me parece, vistas las cosas tantos años después, que lo que Ortega consideraba *un monstruo* no era aplicable a la mayoría de aquella muchachada generacional mía. Había poco de excepcional entre nosotros, como lo había habido en nuestra historia, una vez que salimos de la cocina materna para enfrentarnos al mundo. Ya he dejado constancia de que, ante la mujer, experimentamos una doble derrota. Salvo los que disfrutaron de una aventura infantil de pareja igualitaria, los demás habían perdido la batalla de la humanidad con las mujeres: las reconocían como *el otro sexo*, y casi nada más. Pero también estaba perdida ante la naturaleza: porque tampoco hubo sexo.

Aquellos chicos que se fueron haciendo hombres mientras las mujeres españolas estaban activando la sociedad civil luego leyeron o fueron informados de que estaban reprimidos. Me parece que de aquella efervescencia doctrinal freudiana, la conclusión que se podía obtener de nosotros mismos era que sufríamos una represión obvia: ejercitábamos escasamente la *energía orgánica* que había medido, incluso con una máquina, Wilhelm Reich, en sus años crepusculares. De ahí se sacaba una conclusión: las reprimidas eran ellas, el mundo podría cambiar si la otra media España de nuestra edad se decidía a meterse en la cama con nosotros. Me da la impresión, recordándolo, que generacionalmente o dábamos miedo o risa. Hubo experimentos de lo que se llamaba amor libre, y en general terminaron en poco o en boda. Pero la mayoría se portó como se esperaba: también terminaron casándose. No se puede desdeñar que, desde luego, la relación de pareja evolucionó hacia un mejor y más respetuoso equilibrio. Hoy en día las esposas opinan que sus maridos son como sus padres fueron con sus madres, pero los hombres creen que sus esposas son mucho más decisivas con ellos que sus madres con sus padres.

Una vez más, podríamos hacer memoria para intentar alguna explicación, sólo un poco impertinente. La represión generacional no había podado exclusivamente nuestra libido, o nuestra innata y genérica maestría amatoria. Creían que éramos leones sexuales necesitados de doma, y nosotros, fuego en la sangre, nos llegamos a ver la melena alguna vez, por supuesto, hablando entre nosotros. Pero el caso es que nos estaban podando otras capacidades. No es cuestión de ponerse lírico y señalar que sufrió nuestra sensibilidad o nuestra capacidad de ternura. Sospecho que se nos desconectó también el mecanismo para gozar del sexo por el sexo, es decir, desvinculado de otras pulsiones, como la del poder, la agresividad o la transgresión. En fin, que aunque hayamos hecho contrición, todavía la idea de *conquista* está inmanente en nuestras redes mentales.

Tal vez sean las consecuencias, quisiera creerlo, de haber crecido juntos y sin mujeres. Supongo que esa capacidad innovadora que he creído detectar entre los homosexuales se deberá a que, a diferencia del resto, no han vivido un largo paréntesis en las relaciones humanas y naturales con sus *obscuros objetos del deseo*. Si yo repaso esa etapa escolar en la que el tiempo bajaba como una lava lenta, esculpiendo nuestro carácter con un poder terrible, no consigo recordar un solo año en el que no conociésemos un caso de abusos o de terror sexual en aquellas aulas espartanas. Tengo en la mente el ejemplo perfecto. Teníamos entre trece y catorce años. El fraile que nos enseñaba lengua francesa se aficionó pronto a manosear a aquellos que todavía conservaban, entre nosotros, sus cuerpecillos infantiles. Confieso que no hubo ninguna solidaridad con ellos. La sexualidad que se insinuaba ante nosotros en aquellas clases de las tres de la tarde era la que creíamos que debía ser. Sabíamos que aquel fraile era un pervertido, y que era una aberración que les acariciase los muslos a quienes todavía no habían crecido lo suficiente para tener el antídoto de unos pelos negros en unas piernas fibrosas. Pero aceptábamos la violencia, la dominación, el abuso. Estoy seguro de que nadie captó lo que había de ejercicio ilegítimo del poder. Aún no sabíamos que era posible organizar un país, la vida o el amor poniendo límites al poder. Sin embargo, pronto intuimos cómo aprovecharnos de aquel poder sin reglas. Los que estaban a salvo por su talla física de sus maniobras rijosas, una vez superado el desconcertante miedo inicial, pasaron a la ofensiva. Pasaban a leer francés ante la mesa donde se sentaba y acariciaba a los más pequeños, y le provocaban: se contoneaban ante sus ojos, se protegían la bragueta con la tapa del tintero y solían introducirse un libro en el pantalón, protegiéndose estentóreamente su potencialmente amenazado culo. Al principio, el juego consistía en generar esas situaciones agobiantes que consisten en someter a un grupo de gente al dilema entre el terror al castigo o la carcajada. Pero pronto, la mayoría descubrió que lo mejor era mantener el pacto implícito de silencio que surgía naturalmente de la nueva situación. El fraile tenía la diversión asegurada, siempre en moderadas dosis. Las víctimas de sus sevicias, como sucedía en cualquier otro orden de cosas, ni siquiera en sus casas se atrevían a hablar. Los demás, insensibles ante su sufrimiento, impusieron pronto su ley. Cada tarde, se desarrollaba el drama. El fraile había perdido toda autoridad. Pero no se produjo la revolución. Simplemente se le dominó: nadie suspendía francés y la mayoría obtenía con él, semana tras semana, notas prodigiosamente buenas. Hasta los más brutos hablaban francés. Creo que lo que vivimos durante cerca de un trimestre me ha ayudado a comprender otras cosas que han sucedido en el siglo veinte. Cuando leí el libro de Daniel Jonah Goldhagen, *Los alemanes corrientes y el holocausto*, me acordé de los años de la infancia. No sólo del episodio que acabo de resumir. Por cierto, aquel drama terminó gracias a la religión. También entendí mejor, en el hermoso libro de Albert Camus, *L'homme révolté*, su reflexión sobre cómo el totalitarismo se sirvió de la emancipación religiosa para expandir el terror sin límites. En nuestra clase, una conciencia atormentada se fue un buen día a confesarse de haber sido sobado. Desconozco cuales son las reglas que rigen el secreto de confesión, pero lo cierto es que una tarde ya no apareció nuestro profesor favorito de francés. En su lugar estaba el director del centro, quien fue ordenando a las tiernas víctimas del anterior docente que fueran saliendo una por una a entrevistarse con el prefecto, entonces una especie de severo y viejo encargado del orden quien, años después, se decía que igualmente había sucumbido a la pederastia. Luego supimos que mantenían una entrevista con él y con el capellán que había recibido en confesión la revelación de lo que se escondía bajo tanta sabiduría en lengua francesa. Cuando regresaban de aquellas entrevistas, sus rostros estaban pálidos y sólo llegaron a susurrar que les habían dicho que no dijeran nada. Y así fue. Volvimos a suspender francés. El fraile fue deportado a una de esas casas de retiro, donde se supone que fue reeducado. Creo que ninguna familia llegó a saber que sus hijos habían estado sufriendo durante un largo tiempo una especie de violación. Dimos un nuevo impulso a nuestra educación. Nosotros no necesitábamos reeducación alguna.

Más tarde descubrimos que cuando creíamos en aquella religión que nos explicaban en realidad teníamos miedo. A muchas cosas, incluido el miedo a las mujeres. Pero así fuimos educados. Sólo los que suponemos que aquella experiencia estimuló nuestra capacidad artística encontramos argumentos para racionalizar nuestro pequeño desastre privado. Creo que era Freud el que recordaba a Heine, para quien el arte era una enfermedad, como la perla en la ostra. Los demás, con todo, me parece que han tenido una capacidad diferencial para entender el tiempo que nos ha tocado vivir, y tomárnoslo con humor. Una generación, la nuestra, que se descubrió con Luis Buñuel. Contaba nuestra vida. La de aquellos niños, reunidos en templos iluminados, saturados de volutas espesas de humo de incienso, en los que resonaba en el órgano el himno nacional cuando el oficiante elevaba la hostia, barroquismo que no cedía en impresiones al cine americano en el que veíamos a Dios abrir las aguas del Jordán o someter el mundo al castigo de las tinieblas. Pero cuando llegaban los momentos de recogimiento, en aquellos libros que disciplinaban nuestras genuflexiones y cánticos, encontrábamos lo que buscábamos. Así, los relatos de la casta Susana, a la que veíamos en la imaginación desnudarse para tomar un baño. Lo que nos interesaba del pasaje bíblico no era que nosotros fuésemos por un momento los viejos mirones que la espiaban. Lo que revelaba el texto al que volvíamos frecuentemente en aquellos templos llenos de imágenes que representaban el dolor, la castidad, el arrepentimiento y los diablos arrastrados al infierno es que había otro mundo, el que habían descubierto los ojos que miraban a Susana. Debajo de las virtudes se escondía la naturaleza, la belleza y el placer. ¿Podríamos haber sido distintos, si no hubiésemos sido formados en la idea de que si elegíamos vivir en ese otro mundo, teníamos que servirnos de la astucia o de la fuerza?

Las películas de Luis Buñuel fueron la linterna mágica en la que se proyectaron las luces y las sombras de una generación de hombres que por edad podíamos ser sus hijos. Dalí y él hicieron *El perro andaluz* en 1928. Sus películas de cuarenta años después fueron capaces de explicar lo que nos había pasado a nosotros. Había *sputniks* girando por el espacio, pero mirábamos el amor y el sexo con la misma espesura de prejuicios contra los que se rebelaba aquel joven Buñuel, nacido en 1900, alumno de los jesuitas. *Viridiana* es de 1961, *Simón del desierto* de 1965, *La vía láctea* de 1968 y *Ese oscuro objeto del deseo* de 1977. Nos entusiasmaron. Pensábamos que eran una crítica del mundo moral del franquismo. Ahora empezamos a darnos cuenta que nos estaban diciendo cómo éramos nosotros. Susanas en el baño, santas diversas hechas tajadas, fritas en aceite, apaleadas en ruedas y otros martirios, sólo por preservar intacta su pureza y su virginidad de las asechanzas de los malignos. Era el material de sus películas, pero era también el barro que atascaba nuestra capacidad moral para establecer una relación con las mujeres, un tipo de familia, más libre. Por aquellos años Buñuel declaró: «Estoy contra la moral convencional, los fantasmas tradicionales, el sentimentalismo, la inmundicia moral de la sociedad. La moral burguesa es, para mí, la antimoral, puesto que está fundamentada sobre instituciones completamente injustas, la religión, la patria, la familia y otros pilares de la sociedad». Nosotros compartíamos buena parte de sus propósitos, pero estábamos imbuidos de la convicción de que las reformas políticas en las que creíamos y en las que Buñuel no creía resolverían el problema. Suponíamos que estábamos a salvo de sus contradicciones. Era un iconoclasta, pero vivía convencionalmente, y además lo reconocía. En su escepticismo político atisbábamos la explicación de que fuese un puritano, un varón hispánico tradicional, incluso algo moro en su relación con las mujeres. Creíamos que nosotros habíamos superado las consecuencias de nuestras represiones. Y éramos peores que él. Leíamos a Freud como él, por cierto, en las mismas traducciones de López Ballesteros. Pero él era hijo del siglo diecinueve, y nosotros habíamos nacido después de una guerra civil. Cuando llegó la libertad, llegó *el destape*, no un cambio moral. Todavía hubo que pasar la frontera para ver el fracaso del personaje que encarna Marlon Brando en el *Último tango en París*. Es casi simbólico, porque lo que después recordamos que se pudo ver a espuertas tenía que ver con mujeres enseñando abundancias cárnicas, y machos felices y satisfechos. Ni siquiera eran las morbosas asociaciones buñuelescas de nuestra infancia. *El destape* recuperaba las claves de la represión, aunque se hubiese olvidado del sexto mandamiento. Un intento de apuntalar, con algo de despreocupada trivialidad, las antiguas dominaciones. La superioridad del hombre sobre la mujer basada en el sexo, en la fuerza y en la condición social la encontramos en los productos culturales que empezaron a prosperar desde entonces, desde las revistas de sexo, sangre y sociedad, hasta la literatura que se encierra en los anuncios de prostitución que se insertan hasta en los más conservadores periódicos. Las historias de amores, divorcios, celos y calentamientos que se acumulan en nuestra memoria son como el testamento de toda una época: la que empezó en nuestra infancia. En el fondo, es el certificado de un fracaso, el de esos hombres, líderes financieros, dirigentes políticos, representantes de la alcurnia o del éxito social, dando explicaciones públicas por hacer más de lo mismo. Salvo excepciones en las que intuimos que han buscado una relación con la mujer que les acerque al ideal de la pareja igualitaria, el grueso de esas historias nada tiene de monstruoso. Lejos por igual del desenfreno amoroso o de la privación de Werther. «El profesor cumple su deber conyugal y desayuna», escribió Pablo Neruda. Algo así, en suma. Probablemente, la cuota constante de imbecilidad que describía Ortega. Nada en su núcleo esencial distinto de lo que leemos en los periódicos. Anuncios de hombres solos que buscan mujeres inmigrantes a las que pagar para que les limpien su piso, su ropa, su vajilla y se dejen poseer sexualmente. Un esfuerzo tardío y desesperado para poder mantener una aprendida existencia como hombre.

Delia Blanco es diputada y preside una organización dedicada a proteger y ayudar a los refugiados. Su biografía política se remonta a los primeros años setenta, cuando era una joven que descubrió la derrota femenina en la guerra civil, al leer y contestar las cartas de los exiliados a las mujeres de aquellas familias de represaliados, con las que se inició su compromiso. Esta mujer notable es la evidencia misma de que las mujeres ya no son las del poema de Jaime Gil de Biedma. Ya no pasan *cruzando como sombras.* Pero los hombres de su generación han desertado cuando ellas han tomado la iniciativa. Delia Blanco lo ha descrito a la perfección, al explicar en una entrevista el alto costo que para ella ha tenido una vida así: «Me conmueve ver a mis amigas: casi todas vivimos solas con nuestros hijos, hemos dejado o nos han dejado nuestos maridos».

Miro con interés la seguridad con la que mi hija ha dejado de ser una niña y se relaciona con los hombres de su generación. Compruebo que esa actitud es común a las mujeres que aún no han cumplido veinte años. También descubro que su madre contempla con menos prevención, prejuicios y temores que yo cómo organiza su vida, sus amistades y sus afectos. Esa *media España de mujeres adiestradas* ha sido formalmente liberada cuando las leyes decretaron que la guerra civil había sido superada y abolida. Estaban dispuestas para ello. No sé si la hermosa leyenda inglesa de los proscritos del bosque de Sherwood, la que surge de las festividades paganas con las que celebra la llegada de la primavera, el amor entre iguales y la cooperación entre hombres y mujeres, podrá formularse en algún ideal reformador que puedan impulsar esas jóvenes de la edad de mi hija el día de mañana. Me gustaría que lo intentasen, aunque sospecho, como Luis Buñuel, que sólo la libertad abre caminos para ello, aunque llenos de señales falsas.

La clave del arco

Joaquín Leguina

Con ocasión del día de la mujer trabajadora, el 8 de marzo de 2001, *Le Monde* publicó un artículo-resumen sobre la situación de la mujer, poniendo el énfasis con sobrada razón en el trabajo doméstico, señalando que es ahí, en el trabajo doméstico, donde bascula y reside la clave del avance hacia la igualdad. No es de extrañar. En el reparto equitativo de ese trabajo radica hoy la traba más dura con la que se enfrenta la igualdad real entre varones y mujeres, precisamente por estar constreñido dentro del ámbito privado y, por lo tanto, alejado del «imperio de la ley», lo cual no quiere decir que ésta, la ley, no influya en ese peculiar reparto del trabajo, pues las medidas de apoyo a la conciliación entre la vida laboral y familiar, los subsidios y desgravaciones por hijos y los permisos de maternidad/paternidad pueden influir y, de hecho, influyen en ese reparto de tareas.

Pero comencemos por los datos, que, según se dice, son tozudos. María Ángeles Durán acaba de pronunciar una conferencia (Sevilla, marzo 2001) en la cual glosaba un asunto relevante: la contabilidad del tiempo. En efecto, la contabilidad, como su origen indica, no usa otra medida que el dinero, sin embargo, en la vida, y también en la vida laboral, hay relaciones y tareas de gran relevancia que no se intercambian por dinero, sino que son otros los impulsos que llevan a realizarlas. El supuesto, generalmente admitido, según el cual esos intercambios no mercantiles tienen raíces «nobles» y la nobleza, como el cariño, ni se compra ni se vende, sino que goza del beneficio moral, ha hecho que hasta la fecha esas labores se hayan considerado irrelevantes económicamente. Pero no lo son. Social y laboralmente, siguen representando un esfuerzo tan notable como impagable y, sobre todo, impagado. Desde otro punto de vista, se trata de un trabajo mal repartido.

Los datos suministrados por la profesora Durán, que se resumen en el cuadro adjunto, fueron obtenidos mediante encuesta realizada en Madrid.

Madrid. Año 2000. Personas mayores de edad Horas dedicadas diariamente al trabajo doméstico							
Sexo	Cuidado de los niños	Cuidado de los adultos	Alimentación	Limpieza	Compra	Gestión del hogar	Total
Varones	0,44	0,15	0,30	0,38	0,42	0,18	1,89
Mujeres	1,93	0,56	1,55	2,33	1,11	0,13	7,61
Población total	1,22	0,36	0,93	1,38	0,78	0,17	4,84

Fuente: Encuesta CSIC-ASEP

El panorama que las cifras describen es tan elocuente que no precisa de muchos comentarios. Las mujeres dedican cuatro veces más tiempo al trabajo doméstico que los hombres, lo cual representa una discriminación que no se compadece con la tan predicada igualdad, pues, como resulta evidente, no es una «especialización» a la antigua usanza lo que se está describiendo. Aquella «especialización» según la cual el varón trabajaba fuera del hogar recibiendo en el mercado por su trabajo una remuneración dineraria, mientras que la mujer, «especializada en *sus labores*», aportaba un trabajo «complementario», aparte de un planteamiento más ideológico que otra cosa, no describe ni de lejos la situación actual. Más allá de estas consideraciones, el hecho de que las mujeres con 18 años cumplidos dediquen en la actualidad y en una zona tan urbana como Madrid, diariamente, siete horas y treinta y siete minutos (¡de media!) al trabajo doméstico es, cuando menos, una desmesura. A nadie se le escapa que una buena parte de esas mujeres son, también, trabajadoras «mercantiles», es decir que soportan un doble trabajo: dentro y fuera del hogar.

La desigualdad de la carga

El acceso igualitario a la enseñanza, en general, y en particular a la universidad, aunque no ha conseguido una auténtica igualdad laboral ni en responsabilidades ni en remuneraciones, sí representa la rotura de una compuerta que acabará por anegar el campo de la desigualdad. Sin embargo, ni ese proceso ni la baja fecundidad ni los cambios en la estructura, composición y lazos de la familia auguran ningún automatismo que conduzca a una igualdad real, en el sentido de una distribución, equitativa de la carga laboral. Al fin y al cabo, en ella, en la carga laboral, está el origen de toda explotación. Veámoslo con mayor precisión.

Por muchas llamadas que se hagan a la recuperación de la fecundidad, las familias seguirán siendo reducidas. Al menos en Europa, el número medio de hijos estará cerca de dos (en España, ahora, 1,1), de lo cual se deduce que aproximadamente la mitad de las familias tendrán todos los hijos de un mismo sexo y éstos tendrán pocos primos y, en un futuro próximo, pocos tíos y tías. Es probable que dentro de veinte años, la esperanza de vida en la Unión Europea supere los 80 años, lo cual hará aumentar el número de los «contemporáneos». Se calcula que la población de 80 años o más crecerá en casi un 50 % en los próximos veinticinco años, mientras el de los «maduros» (40-59 años) no se incrementará más allá del 20 %. Es decir, que los «más jóvenes» deberán ocuparse de, al menos uno, de sus padres. Ésa será la situación más común entre las personas en la sesentena. No se trata, ni sólo ni principalmente, de acoger en el propio hogar a los progenitores, lo normal será tener que asumir la preocupación y las múltiples servidumbres que la «gran longevidad» conlleva. Y, ¿quiénes se ocuparán de ellos? Si las cosas no cambian, la «recarga» por longevidad seguirá recayendo sobre las mujeres. Si están casadas, y el «modelo» actual permanece, serán solicitadas a la vez por sus madres y padres, sus hijos y sus nietos. En efecto, la prolongación de la vida conduce inexorablemente a una multiplicación de las familias con cuatro generaciones dentro. Lo que era excepcional ya es habitual y mañana será normal.

Por otra parte, la herencia ha perdido el significado que tuvo en el pasado. Ya no puede utilizarse por los «herederos» (los hijos) para «instalarse». Llega cada vez más tarde, cuando los hogares están equipados. Además, cada vez con más frecuencia, los testamentos recogen la voluntad de privilegiar al cónyuge superviviente.

En los últimos veinticinco años se ha modificado la distribución de los hogares según su composición, constituyendo una inercia difícilmente reversible. Se habla mucho de las familias monoparentales, aunque su proporción no haya aumentado de forma llamativa, pero es cierto, y cada vez lo será más, que los hogares con un solo padre son mayoritariamente familias con una madre (soltera, separada, divorciada o abandonada). A su vez, crece el número y la proporción de familias recompuestas tras el divorcio, cuando menos, de uno de los nuevos cónyuges, lo cual impulsará al alza en los próximos años el número de hogares con peculiares «padres colaterales». Estos rasgos, frecuentes ya en los países escandinavos, es muy probable que se extiendan masivamente a los países mediterráneos.

Todas las evidencias empíricas conducen a pensar que el número de los hogares donde trabaja fuera un solo cónyuge irá decreciendo. Lo que hace treinta años no era posible sino a costa de grandes riesgos económicos, sociales y hasta simbólicos: la autonomía económica de las mujeres a la hora de separarse de su cónyuge o compañero se ha convertido (o está a punto de convertirse) en una opción personal que puede ser afectivamente grave, pero no catastrófica social y económicamente. Para las mujeres, la vida familiar ha ampliado el campo de lo posible. Las mujeres casadas han pasado en términos económicos de ser dependientes a poder ser compañeras con plenos derechos, aunque esa «practicabilidad» de la autonomía sigue siendo mayor en el norte que en el sur de Europa.

La fecundidad

Volvamos un momento la vista sobre un fenómeno determinante para el futuro de la población, pero, también, relevante para el funcionamiento familiar.

En la actualidad, la suma de las tasas de fecundidad, es decir, el número de hijos que tiene una mujer a lo largo de su vida, es en España de 1,1, cuando, tan sólo veinticinco años atras, el año en que murió Franco, había sido de 2,8. En cinco lustros, la fecundidad española ha pasado de ser una de las más altas de Europa a la más baja del mundo. La fecundidad española es, junto a la italiana, inferior a la de todos los países, grandes y pequeños, de Europa, con la excepción poco relevante de Letonia. Es éste un cambio profundo y grave para el futuro de cualquier sociedad, pues inexorablemente producirá más envejecimiento y, de seguir en estos niveles, una pronta disminución de la población, salvo fuertes migraciones, claro está.

A la vez que caía la fecundidad, y siendo en parte causa de esa caída, se ha ido retrasando la edad de la emancipación y, por supuesto, la del matrimonio. En alguna medida, tal retraso se debe a la ampliación de los estudios, pero, sobre todo, es el resultado de la precariedad existente en el mercado laboral, es decir, a las dificultades que aún tienen los jóvenes españoles para encontrar un primer empleo y más si el empleo se pretende estable. En la fecha de la Encuesta de Fecundidad (1995) la tasa de desempleo para los menores de 25 años era del 36,4 % en los varones y el 48,1 % en las mujeres. En tales condiciones no es de extrañar que el porcentaje de jóvenes de ambos sexos que vive con sus padres pasada la edad de los treinta años sea creciente.

Las actitudes respecto a las relaciones sexuales también han cambiado y mucho. Por ejemplo, las mujeres nacidas en los años 1945-1949 declaraban en dicha encuesta, como mediana, haber tenido su primera relación sexual completa a los 23,2 años, edad casi coincidente con la de su primer matrimonio (23,7). Sin embargo, en las nacidas veinte años después y que en el momento de esa encuesta tenían 20-24 años, la edad de su primera relación sexual completa había bajado a 20,1, más de cuatro años de diferencia con la fecha de su matrimonio. Además, en las mujeres jóvenes la edad de la primera relación sexual coincide con la primera utilización de anticonceptivos, mientras que en las mujeres mayores (45-49 años) el uso de anticonceptivos comenzó, como media, 2,7 años después de su iniciación sexual. Cerca del 90 % de los varones jóvenes (18-19 años) y el 85 % de las mujeres de esas mismas edades usaron un método anticonceptivo en su primera relación sexual, porcentajes que caen por debajo del 30 % y del 20 % respectivamente en los varones y las mujeres que en el momento de la encuesta estaban en el tramo de edad 45-49 años. Este último dato no es contradictorio con el hecho de que el número de hijos nacidos fuera del matrimonio en 1995 fuera del 11 %, cifra que en 1975 tan sólo alcanzaba el 2 %. Los cada vez más abundantes nacimientos fuera del matrimonio no son sino el resultado de una nueva pauta de comportamiento ampliamente extendida en el norte de Europa. En Suecia, el 53,9 % de los nacidos en 1996 nacieron fuera del matrimonio (el 60,7 % en Islandia, el 46,3 % en Dinamarca, el 48,33 en Noruega). Pauta que probablemente se irá extendiendo en los próximos años en el sur de Europa. La respuesta a una pregunta realizada en esta encuesta da pie para pensarlo. En efecto, a la pregunta: «Si una mujer quiere tener un hijo por su cuenta y no quiere tener una relación estable con un hombre, ¿debería poder hacerlo?». El 88,4 % de las mujeres contestaron afirmativamente y, lo que puede resultar más significativo, el 81,7 % de los varones también. A ello se une otro dato: en los más jóvenes (18 y 19 años) por encima de la cuarta parte (25,5% entre las mujeres y 28,2 % entre los varones) piensa que el matrimonio «es una institución anticuada», mientras que entre las personas de 45-49 años tan sólo sostienen esa afirmación el 13,3 % de las mujeres y el 14,6% de los varones. Vistos los resultados de la encuesta desde una perspectiva temporal, no parece arriesgado predecir que las «parejas de hecho» tenderán a ser cada vez más relevantes también en este campo, el de la reproducción.

Es cierto que las pautas que rigen muchos de los comportamientos relacionados con la reproducción humana han cambiado rápida y hasta contradictoriamente en España: extensión y uso de anticonceptivos eficaces, adelantamiento de la edad en la cual las prácticas sexuales se consideran normales y retraso en la edad de la emancipación. Sin olvidar la mayor inestabilidad de la vida en pareja junto a las conocidas dificultades para conciliar trabajo y maternidad. Todo ello ha ido unido a una creciente igualdad social entre varones y mujeres y la consiguiente ruptura con los papeles tradicionales que a unos y otras se atribuía. En fin, con razón podría pensarse que todos estos cambios dan como resultado una fecundidad más baja que la que se observaba en el pasado, pero desde luego no tan baja como para haber alcanzado los ínfimos niveles actuales. En efecto, existe una notable diferencia entre lo que se desea y lo que se realiza, tal cosa se comprueba al ver los resultados que la encuesta arroja acerca del número de hijos deseados. Las mujeres encuestadas desean tener, de media, 2,2 hijos, exactamente lo mismo que desean los varones. Esta cifra (2,2) no representa una fecundidad elevada, pero si es superior a la considerada «de reposición» y, prácticamente el doble de la fecundidad que hoy realmente se practica. En otras palabras, los cambios en los usos, pautas, relaciones entre varones y mujeres, etc. arrojarían, de no haber limitaciones externas, una fecundidad el doble de la existente. Si, por otro lado, la situación económica general se dice que rebosa bonanza y la renta por habitante no ha hecho sino crecer en los últimos años, ¿dónde radica la limitación, el freno que impide a las españolas y a los españoles tener los hijos que desean? No parece arriesgado afirmar que la clave está en la inseguridad, en la imposibilidad para prever con alguna certeza el futuro laboral. La inestabilidad laboral, el hoy errático destino del empleo, está detrás del retraso en la emancipación y, por ende, del emparejamiento, sea éste matrimonial o no. Ésa es la causa principal de que los planes sobre la descendencia incluyan un aplazamiento que con frecuencia, al final, adquiere el carácter de definitivo.

El futuro

Pero en España el mercado de trabajo está cambiando con rapidez debido, precisamente, a la caída ya descrita de la fecundidad. Detengámonos un momento en ello.

La relación por cociente entre los potencialmente activos y la población de 65 años y más tiene actualmente en España un valor de 4,2. Pues bien, mantener este nivel en el año 2050, exigiría alcanzar en esa fecha una población de 160 millones de habitantes, de los cuales el 80 % habría de ser de origen inmigrante. Sólo este dato debería de servir para hacer reflexionar.

Haciendo hipótesis sobre la evolución futura de las variables demográficas, podemos cuantificar lo que nos espera, por ejemplo, dentro de 50 años. Partamos de una mortalidad que mejorará lentamente hasta un límite de 85 y 78,5 años de esperanza de vida en las mujeres y los varones respectivamente. En la fecundidad trabajaremos con dos hipótesis extremas: 1) se mantiene la situación actual, 2) sube hasta alcanzar el nivel de reemplazo, estimado en 2,05 hijos por mujer. Añadiremos dos hipótesis intermedias: a) la fecundidad española sube hasta el nivel actual de Francia y el Reino Unido (1,7 hijos por mujer), y b) sube hasta 1,5 hijos por mujer.

En cuanto a las inmigraciones, manejaremos dos variantes: 1) 50.000 trabajadores que por el efecto arrastre se convierten en 63.000 personas anuales, y 2) el doble, es decir 100.000 trabajadores, equivalentes a 126.000 personas cada año.

En contra de lo que a primera vista pudiera parecer, esta combinación de hipótesis arroja como resultado un abanico de posibilidades relativamente estrecho. En efecto, manteniéndose la fecundidad actual, aun con una inmigración de 63.000 personas cada año, la población disminuiría hasta los 31,3 millones en el año 2050. Aunque la fecundidad creciera hasta el nivel de reemplazo, con la misma inmigración ya señalada, la población no superaría los 39,3 millones, aproximadamente la misma que se estimaba para el final del siglo XX. En el primer caso, el número de personas con los 65 años cumplidos representaría en el año 2050 el 37,2 % de la población y el 29,6 %, en el segundo.

Respecto a la relación (población de 65 años y más/población potencialmente activa) el abanico final que suministran las distintas hipótesis es corto: con alta fecundidad se llegaría a 1,78 y con el nivel de fecundidad actual a 1,45. Con una fecundidad intermedia (1,7 hijos por mujer), acompañada de una inmigración anual de 126.000 personas, tan sólo se alcanzaría 1,8. Se comprueba que en este relevante asunto ni la recuperación de la fecundidad ni una fuerte inmigración son la panacea que pueda hacer reversible la situación creada por 25 años de caída en picado de la fecundidad española.

Si tomamos una hipótesis intermedia, la población en edad de trabajar (24,1 millones en 1998) se reduciría al final del período a 18 millones. Una creciente fecundidad, hasta el nivel de reemplazo, aportaría bien poco: 800.000 personas más y, en todo caso, con una proporción de los mayores de 55 años dentro de la población en edad de trabajar del 30 % ya en el año 2035.

A la vista de estos resultados, se puede argumentar que no todos los potencialmente activos trabajan en la actualidad, es decir, que las tasas de actividad pueden crecer, que la edad de la jubilación se puede retrasar, en fin, que hoy existe aún un paro notable. Tomemos estos argumentos en cuenta y supongamos que las tasas de actividad femeninas aumentan, ateniéndonos a un modelo que sería prolijo describir. Supongamos, incluso, que la edad de jubilación se retrasa en cinco años a partir del año 2005. Pues bien, bajo una hipótesis intermedia de evolución poblacional, la situación a la que se llega sigue siendo alarmante: la creación de empleo y el crecimiento económico pueden verse frenados por la insuficiencia de población en edad de trabajar. Veamos:

En el supuesto de que el crecimiento del empleo se mantuviera al ritmo observado en los últimos años hasta el 2010, y que a partir de ese año el empleo creciera más moderadamente (un 0,6 % anual), si no se retrasa la jubilación, la oferta de trabajo será menor que la demanda a partir del año 2014, y del año 2022, si la jubilación se retrasa.

Con todo, lo más llamativo y preocupante de estos escenarios es que el empleo ofrecido llegaría a ser mayor que toda la población en edad de trabajar a partir del año 2035.

Vistas las cosas desde esta perspectiva demográfica y económica no es posible una vuelta al modelo tradicional. La mujer en casa, y menos con «la pata quebrada», pues en tal minusvalía no podría cumplir con las tareas que aún hoy se le exigen, resulta impensable. Esta división del trabajo, no sólo es indeseable, por injusta, resulta imposible desde el punto de vista social, económico y demográfico. Topamos pues con el «núcleo duro» de la resistencia: la insoportable, social y físicamente, distribución actual de las labores caseras. Una conciliación sin la cual la familia no podrá cumplir con el objetivo que se le atribuye: el de sostener los mecanismos básicos de solidaridad vertical (bisabuelos, abuelos, padres e hijos) destinados a compadecerse y asistirse.

La longevidad, el estrechamiento de la pirámide por la base y el soporte femenino casi en exclusiva del trabajo doméstico son en sí mismos incompatibles y, además, insoportables y, por lo tanto, destinados al derrumbe.

Estamos ante un problema que afecta, sin duda, a la justicia. También al sentido común y a la supervivencia en condiciones humanas. Los varones y también las normas legales no pueden seguir mirando para otro lado, «a verlas venir», porque ya están aquí. Y, sobre todo, la lucha, ideológica, política, social, de las mujeres tendrá que incluir en sus estrategias con la suficiente contundencia este asunto si no quieren verse abocadas, precisamente en el siglo XXI, a una vida invivible, en hogares inhabitables o bajo una sobreexplotación femenina que no se puede aceptar.

El sexo de la fuerza

Paco Lobatón

SI EL HOMBRE ES EL SEXO *fuerte, la mujer es el sexo de la fuerza*. Escribí por primera vez este enunciado hace aproximadamente una década, respondiendo al requerimiento de una revista *para mujeres* de efímera vida editorial. El tiempo transcurrido no ha alterado en lo esencial ese pensamiento, por más que la reciente oleada de hechos violentos con su cruenta estela de víctimas (una mujer muerta cada semana a manos de su pareja masculina) tienda a hacernos dudar de todo. La perplejidad es, en efecto, el primer y más espontáneo refugio en el que se guarece nuestra mente ante la evidencia de una progresión tan violentamente negativa, tan manifiestamente contraria al sentido más elemental del progreso. Pero hay que afrontar la realidad tal cual es y buscar una explicación que nos libere del espanto y nos arme para seguir existiendo sin renunciar ni al principio de la convivencia ni al sueño de la felicidad. Así que habrá que intentar resolver la terrorífica ecuación por la que tantos individuos pertenecientes al tradicionalmente conceptuado como *sexo fuerte* han llevado su condición hasta la más extrema y absurda de las expresiones: la eliminación del *sexo contrario,* el sacrificio total y sin paliativos del llamado *sexo débil.* Una patología criminal de constantes tan visibles no puede zanjarse con los consabidos eximentes de culpa empleados por ciertos abogados defensores en causas imposibles; a saber, la teoría del *hecho aislado* o la no menos peregrina de la *locura transitoria.*

Ésta es, sin embargo, la teoría dominante en el argumentario colectivo, la forma en que la sociedad trata de desprenderse de los efectos más nocivos de los hechos sin resolver las causas de fondo. Un mecanismo de autoengaño, característico de la comunicación a golpe de impactos en la que nos hallamos instalados. No es que haya más violencia que en otros tiempos —se dice—, sino que ahora se conoce más, se informa más al respecto, y, en definitiva, se ha hecho «emerger una buena parte del iceberg oculto». Incluso si así fuera, lo verdaderamente importante es tratar de indagar en las claves últimas del fenómeno. Necesitaremos para ello la ayuda de los sociólogos, a fin de identificar correctamente el contexto social en el que tienen lugar esos comportamientos. Y será preciso, también, el concurso de los siquiatras y de los sicólogos para bucear en el universo más íntimo del individuo. Ignoro quién debería reunir a unos y otros, a quién debemos asignar la responsabilidad de convocar el tan urgente y necesario ejercicio de reflexión multidisciplinar que nos saque de esa perplejidad que a fuerza de repetirse puede dejar de serlo y devenir costumbre, resignación ante los hechos consumados. Hay suficientes indicios a nuestro alrededor: la difusión regular del número de lesionados y muertos en accidentes de tráfico cada fin de semana es percibida como una rutina informativa. El comportamiento de los conductores que, se supone, son los destinatarios principales de esas noticias, no parece verse modificado en lo más mínimo, antes bien cabría pensar lo contrario —la multiplicación de errores, imprudencias e infracciones— a tenor del sistemático incremento de la siniestralidad en carretera. Otro tanto ocurre con las informaciones relativas a conflictos armados en el mundo, al drama de los inmigrantes que perecen ahogados en aguas del estrecho de Gibraltar o en el interior de contenedores o en cualquiera de las formas que inventa la necesidad con la criminal connivencia de las mafias. No hay más conciencia por el hecho de que exista más volumen de información, aunque es obvio que sin ella sería imposible aspirar a que se genere conciencia en cualquiera de estos asuntos. La cuestión es, por tanto, más de calidad que de cantidad: según cómo se informe, dónde, etc., así serán las posibilidades de llegar de verdad al corazón y a la mente de las personas. Pero ni siquiera en el supuesto utópico de una política informativa sensible y depurada, rigurosa y accesible, cabría esperar como corolario un cambio de tendencia radical. Y es que, en mi opinión de puro observador periodístico, en las cuestiones esenciales de la convivencia y de las relaciones interpersonales, la **información** no puede modificar procesos que tienen su raíz en la **formación** básica de los ciudadanos, tanto en el plano individual como en el colectivo. Tampoco las tan extendidas técnicas de la demoscopia más avanzada pueden esclarecer con precisión el complejo trasfondo de los comportamientos y actitudes sociales. Es prototípico el ejemplo de las encuestas en las que la mayoría de los consultados reprueban el racismo, y, sin embargo, no se reconocen a sí mismos como racistas. Con el machismo —germen *intelectual* de posibles actitudes violentas— pasa tres cuartos de lo mismo. Salvo casos tan minoritarios que ya empiezan a resultar exóticos, la mayoría de los hombres se sitúan en las antípodas del machismo puro y duro. Está mal visto, social y culturalmente, ser machista. Otra cosa es lo que ocurre puertas adentro, en el espacio privado y en la cotidiana interrelación de hombres y mujeres. No existe correspondencia entre el punto de vista formal, el de las opiniones e ideas que se proclaman hacia afuera, ante la galería, y las actitudes de hecho que se practican día a día.

Claro que difícilmente podría ser de otra forma, habida cuenta de lo reciente que son entre nosotros —en España, sin ir más lejos— algunas modificaciones legales tendentes a la igualdad de derechos (1978, Constitución española; 1988, primer Plan de Igualdad de Oportunidades), así como de la distancia que queda todavía por recorrer para alcanzarla plenamente. Uno de los déficits más llamativos se encuentra en el terreno laboral, donde las diferencias salariales —a igualdad de trabajo y de funciones— siguen siendo la norma, donde las posiciones directivas están muy lejos de haberse nivelado proporcionalmente al número de mujeres incorporadas a la actividad económica (47,7 por ciento de la población activa), donde priman las diversas modalidades de subempleo (80 por ciento de la contratación a tiempo parcial; 20 por ciento de desempleo; salarios inferiores en más del 25 por ciento) y el acoso sexual se sigue cerniendo como amenaza sobre las trabajadoras más vulnerables por la propia precariedad de su puesto de trabajo. ¿Pueden considerarse todos estos aspectos ajenos a los códigos de relación vigentes entre hombres y mujeres? Nadie va con la Constitución en la mano, ni con el Estatuto de los Trabajadores en la boca, ni con la Declaración de Derechos Humanos en la cartera, al levantarse cada día, al llegar a la oficina o de retorno a casa, mientras come, se asea, duerme o hace el amor. Pero todas y cada una de nuestras acciones están imbuidas de la cultura subyacente a ese conjunto de normas que resumen los criterios adoptados por la civilización occidental a la que pertenecemos. Y es bien sabido que las leyes suelen caminar bastantes pasos por detrás de las costumbres. Por eso la máxima debería ser *cambiemos las costumbres para que cambien las leyes*, y no a la inversa. No servirá de nada si es al revés, sería tan absurdo como prohibir los regadíos en el desierto.

La edad de las costumbres. Según numerosos estudios de instituciones y organizaciones que luchan por hacer realidad el principio de la igualdad de oportunidades entre sexos, el descubrimiento de la píldora anticonceptiva ha resultado decisivo para el acceso masivo de las mujeres al universo laboral. La ciencia médica ha contribuido así a que se subieran de golpe muchos peldaños en el plano de la igualdad social, cuando, en principio, su fin primordial era otro: controlar el proceso reproductivo, lo que a su vez permitía liberar un espacio propio para la sexualidad, y un espacio propio, una sexualidad entendida como gozo y no obligatoriamente como accidente necesario para la procreación. Acabamos de inaugurar el tercer milenio y todavía la Iglesia Católica, Apostólica y Romana recela, todavía sus doctores anatemizan los métodos anticonceptivos, incluido el humilde y elemental condón. Ni siquiera la apabullante amenaza del sida ha relajado la dogmática rigidez de su doctrina. Roma no está sola. Otras iglesias, otros líderes supuestamente espirituales, le disputan posiciones en el *ranking* del fundamentalismo. Los *talibanes islámicos* de Afganistán se llevan la palma y el mundo entero les mira como a curiosos bichos raros. Sólo Emma Bonino, siendo Comisaria europea, tuvo el coraje de desafiarles en su propia casa y de promover luego una campaña internacional de denuncia del escandaloso sistema que niega a las mujeres todos los derechos y las obliga a vivir ocultas bajo una *burka:* una máscara que les cubre completamente el rostro dejando tan sólo una rejilla para respirar. La Bonino no se detuvo a las puertas de esa barbarie arguyendo neutralidad. En cambio, cuánta hipócrita neutralidad sigue encubriendo flagrantes transgresiones de la dignidad y de los derechos humanos, no en remotos países, sino en el radio en el que nos movemos habitualmente, en nuestra propia ciudad, en el barrio del que somos vecinos, en el portal de enfrente. Y en el tema que nos ocupa, el compromiso bien entendido —como la *caridad cristiana*— debería comenzar por nosotros mismos. Mi propuesta es un examen a conciencia y de conciencia, sí, pero no en busca de culpas o pecados inconfesables, sino destinado a detectar los resortes que determinan nuestros movimientos, sobre todo aquellos que hacemos de manera no consciente, como reflejo condicionado, como expresión de una cierta herencia *cultural* latente. Tenemos la edad de nuestras costumbres. Por eso hay jóvenes rematadamente viejos. Por eso hay *progres* profundamente carcas. Por eso no sólo hay hombres machistas, sino también mujeres que lo son aunque sea por la vía de la resignación o de la impotencia. No creo que existan casos de complacencia femenina ante el machismo, salvo aquellos que merezcan engrosar los libros de siquiatría como ejemplos de masoquismo patológico. O sea, que tratándose como se trata de un asunto que concierne a dos partes, se hace imprescindible la concurrencia de ambas para vislumbrar cualquier solución a los problemas planteados. Y aquí habría que cambiar el discurso que se refiere casi únicamente a las relaciones entre hombres y mujeres, y plantear la cuestión en términos de género masculino y género femenino. En efecto, cuando el hombre y la mujer, la mujer y el hombre, alcanzan la edad en que pueden relacionarse entre sí con una cierta autonomía, ambos son ya portadores de un modelo implícito de relación aprendido de sus vivencias familiares más próximas y de las de su entorno, y en parte —a saber en qué parte— literalmente mamado, es decir, incorporado como parte del legado genético. Seguramente resulta mucho más vitalmente determinante de lo que parece el tipo de relación que entabla una madre con su hijo desde las primeras horas de su existencia, los primeros meses y los años de la primera infancia. No invocaré aquí las teorías freudianas al respecto, sino los hechos reconocibles de nuestra propia memoria de niños. Para no citar a terceros, referiré una experiencia personal que, entiendo, supone algo más que una simple anécdota. Tenía ya 45 años cuando mi hermana mayor me hizo llegar a mi casa de Madrid algo que había encontrado por casualidad entre fotos y papeles familiares. Se trataba de un test sicológico que me habían hecho en el Colegio de los Marianistas de Jerez allá por el año 1961. Un estudio de la personalidad bastante completo, y, a decir verdad, muy avanzado para la época. Pues bien, los rasgos allí apuntados como definición de mi carácter, como claves de mi incipiente personalidad, me resultaban acertados, casi exactos, 35 años después. Me produjo un fuerte impacto esta constatación y la contrasté cuanto pude y con cuantas personas pude, incluido algún amigo siquiatra. Mi conclusión final fue, y sigue siendo, la de un profano, pero es firme: somos quienes somos desde muy temprano, nuestra identidad esencial como personas se fragua incluso antes del primero de los estadios de conciencia y de uso de la razón, de estreno del libre albedrío. Luego, nuestra voluntad la gestiona en distintas direcciones según las circunstancias, en función de los condicionantes de todo tipo y no necesariamente ni siempre a favor de lo que podrían considerarse nuestros genuinos intereses. Puede que lleguemos a **tener comportamientos** aparentemente muy diversos, pero, en el fondo seguimos **siendo** los mismos.

Nuestros **actos** son siempre nuevos, siempre diferentes, pero nuestras **actitudes** esenciales permanecen. Bien pensado, sería terrible que no tuviéramos capacidad para modificar nuestros actos —principio en el que se basan todas las teorías rehabilitadoras y de recuperación incluso de individuos que han cometido gravísimos delitos—; y, cuando se piensa bien no puede sino sobrecogernos la certeza de que tenemos arte y parte, además de en la gestación física de otros seres humanos, en la fragua de su personalidad intransferible, su actitud vital ante la vida. Ésa es la responsabilidad que nos concierne a todos, más aún que la de gestionar nuestra propia individualidad. Éste es el exacto punto kilométrico de la reflexión en donde quería situar la idea de formación referida a las relaciones hombre-mujer, mujer-hombre. El sueño de una relación igualitaria habita más acá de los sueños, se juega en los primeros gestos de la existencia, aquellos que nos diferencian como seres humanos del resto de los seres vivos, porque en ellos la razón asiste a la sensibilidad y nos permite no sólo acceder a la ternura sino tener memoria de ella.

Memoria de la ternura

La memoria nos diferencia. Pero la ternura es un patrimonio no exclusivamente humano, probablemente es un impulso telúrico asociado a la maternidad, al proceso de gestación de la vida y al instinto de protección de las criaturas mientras son tan frágiles y tiernas que no pueden valerse por sí mismas. Fieros animales, desde el león al gran oso polar, han sido al lado de sus mamás tan tiernos e inofensivos como los peluches que abrazan nuestros hijos para quedarse dormidos. Quién no se ha conmovido ante las imágenes de un documental de *National Geographic* mostrándonos a mamá osa rodeada de sus oseznos, ora empujándoles suavemente por la nevada pendiente de algodón blanco que se confunde con el algodón de sus cuerpos, ora recuperándolos en su regazo y rodeándolos con sus enormes brazos. Es tal la fuerza significante de esa imagen que una conocida multinacional del ramo de los seguros de vida la adoptó en su día como imagen de marca. Nada de lo que ocurre en el mundo de la publicidad es gratuito. Aparte de la indiscutible belleza visual, entiendo que la elección debió de responder a una deliberada asociación de los conceptos de ternura-maternidad y el de seguridad, como sinónimo de amparo y protección.

Los cuidados humanos en el inicio de la vida tienen también un valor de impronta. Dicen los expertos que las grandes seguridades e inseguridades tienen su trasfondo en ese tiempo del que no tenemos un registro consciente, pero sí una suerte de memoria absorbente que capta todo lo que ocurre alrededor con la precisión de un radar. Los gestos, todos los gestos, incluidos los más nimios e imperceptibles, van componiendo una gramática, un lenguaje, un código de señales de la ternura. Y de su ausencia. Luego, aprendemos un lenguaje verbal y entonces dejamos a las palabras el encargo de nombrar los sentimientos. Los primeros diálogos de las madres y de los padres con sus bebés son ante todo emocionales, una manera espontánea de expresar afecto, cariño, amor, incluso en dosis tremendamente azucaradas. No se ha inventado nada mejor para transmitir calor y seguridad. La pregunta es si de todo este aporte queda algo en los individuos que terminan por convertirse en agresores violentos, en verdugos de otras personas a las que se supone que han querido en algún momento. Y si se ha perdido, cuándo y cómo y por qué se ha perdido.

El amor ¿se supone? En el curso de centenares de entrevistas con padres de adolescentes problemáticos, protagonistas de las historias de escapadas y desapariciones que tuve ocasión de conocer tan de cerca en el programa de televisión *Quién sabe dónde,* escuché sistemáticamente a éstos afirmar que las relaciones con sus hijos eran inmejorables. Que no había problemas entre ellos. Sin embargo, apenas se profundizaba un poco en los detalles de la vida cotidiana quedaban al descubierto vacíos de comunicación en casi todos los órdenes: el de las amistades y el de los primeros amores —tan decisivos siempre—, el de los deseos e intereses verdaderos en relación con los estudios o el futuro profesional... De estas cosas, terminaban por admitir, no se hablaba. Entonces, ¿cuáles eran los temas de conversación? Sencillamente no había conversación propiamente dicha, es decir, aquella en la que se intercambian ideas, opiniones, experiencias, a veces en forma de discusión acalorada, y, por qué no, de bronca. Y es que una mayoría de gente considera que no tiene problemas porque no discute, sin reparar en que es ése precisamente su principal problema. La incomunicación se ha instalado en las relaciones cotidianas, camuflada por el ruido de ambiente, por la avalancha de temas que suministra a toda hora la televisión —y los otros medios, pero sobre todo la televisión— y que crean en nosotros la falsa sensación de estar a la última de todo. La paradoja es ésa: estando más informados que nunca antes lo estuvieron nuestros antepasados, vivimos abocados a la soledad y al aislamiento. Combatir este síndrome exigiría no dar por supuesta la comunicación, como no puede darse por supuesto el amor, sino verificarla —mejor aún: vivificarla— constantemente.

Una comunicación activa, guiada por la franqueza, es la única medicina que se me antoja eficaz para afrontar la confusión reinante en las relaciones entre mujeres y hombres, el necesario reequilibrio de roles, y la urgente necesidad de superar la perplejidad en que nos sume la violencia de género, de encontrar soluciones preventivas y duraderas.

IGUALDAD *VERSUS* IDENTIDAD

Siendo incompletas todavía, las conquistas realizadas por las mujeres durante el último cuarto de siglo han sido suficientes para descolocar a los hombres. Es en el ámbito privado donde se han vivido, donde se viven aún, los efectos del cambio en la correlación de fuerzas. El periclitado *macho ibérico* no ha encontrado sustituto en otro modelo de referencia. No podía considerarse tal, desde luego, esa imposible aunque a veces voluntariosa figura del *hombre feminista*. Paralelamente, en el lado de las mujeres, la transposición de los modos y estilos tradicionalmente masculinos quedaron pronto reducidos a una expresión primaria del feminismo, aun estadio de infantilismo que hoy resulta anacrónico.

Quizá el problema de fondo radica en haber extendido el concepto de igualdad —plenamente legítimo y necesario en el plano de los derechos— al espacio de los comportamientos, al territorio de la identidad. Mujeres y hombres pueden —y deben— ser iguales en derechos, pero manteniendo su identidad diferenciada de hombres y mujeres. Qué roles lleva aparejada esa identidad en función de la propia naturaleza —los llamados determinantes biológicos— y cuáles deben negociarse de acuerdo con los nuevos tiempos, con los nuevos y más equitativos esquemas de convivencia: ésa es la cuestión.

Ni los hombres ni las mujeres se sienten seguros en estos momentos respecto de su papel, y, según parece constatarse de uno y otro lado, empiezan a percibirse signos de búsqueda un tanto desesperada de reafirmación de la personalidad, y en última instancia de la propia identidad. Curiosamente, un sector de hombres de clases medias y profesiones liberales lo hace recurriendo a algunas de las tradicionalmente consideradas *armas de mujer*: el cuidado de su imagen, gastando cifras notables en vestuario e incluso cosméticos. Mientras, muchas mujeres están haciendo el viaje de vuelta a algunos valores femeninos clásicos, impulsadas por la necesidad de tener buena imagen y ganar así en capacidad de seducción personal, pero también y sobre todo en competitividad social.

Si se observa en su conjunto, el panorama resulta bastante desquiciante y vuelve a surgir la pregunta de si no valdría la pena poner en común las viejas incertidumbres y tratar de encontrar juntos las nuevas certezas. En esa esperanzada dirección quisiera revalidar la idea de partida de esta reflexión: la de que la mujer es el sexo de la fuerza, y no en contraposición a la noción de sexo fuerte atribuida ancestralmente al hombre, sino por derecho propio, por el lugar que ha tenido y tiene en la vida real, la de los países pobres y la de los países ricos, los del norte y los del sur, los subdesarrollados y las primeras potencias. Arraiga esa convicción en mi memoria más personal de hijo de una numerosa familia de diez hijos. Mi padre era el indiscutible cabeza de familia, él, aun estando siempre lejos debido a los constantes traslados que sufría en su trabajo de funcionario, era quien llevaba la voz cantante, la autoridad incuestionable. Y mientras en la casa, completando el sueldo paterno que no llegaba para tanta prole, mi madre desplegaba una infinita gama de actividades granjeras y gobernaba nuestras vidas. Era, literalmente hablando, la fuerza callada. Cuando más adelante mi padre enfermó ella fue su enfermera, sin dejar de ser su esposa, y así hasta el último día. De tanto en tanto la veíamos derrotada, triste, rotundamente silenciosa. La depresión la acosaba desde tiempos remotos, dibujando un paisaje de ausencias en su mirada, pero siempre terminaba por reponerse y salir adelante, y ser otra vez la locomotora que no para. Todavía hoy, reducidas sus facultades físicas a la mínima expresión, obligada a contar con la ayuda de otras personas en los actos y movimientos más elementales, su fuerza se hace presente en cada palabra que dice, en su manera de celebrar cada minuto de vida y de resistirse a la muerte. Estoy convencido de que la historia de mi madre es la de la mayoría de las madres españolas de su generación y de las generaciones inmediatamente posteriores a la guerra civil, tanto del bando de los vencedores como del de los vencidos. A ellas debemos un homenaje que nunca reclamarán sencillamente porque lejos de considerarse heroínas creen tan sólo haber cumplido con su deber. Deberíamos escucharlas y anotar con detalle todas las renuncias que eso supuso para sus vidas de mujer, por ejemplo en el terreno de la sexualidad o en el del disfrute de otros placeres que hoy forman parte del mínimo existencial.

Recientemente he viajado a diversos países de África —Sudán, Kenia, Senegal, Costa de Marfil, Burkina Fasso, Mali— y he visto allí repetida la historia: sobre las mujeres descansa el precario equilibrio de la subsistencia, en las mujeres se sustentan la mayor parte de los proyectos de cooperación al desarrollo, y, por supuesto, es a las mujeres a quienes se encomiendan las tareas de asistencia en las frecuentes situaciones de emergencia humanitaria a causa de la guerra, de la hambruna o de los temporales. Otro tanto ocurre en Asia y en América Latina. En 1998 el premio Príncipe de Asturias a la Cooperación distinguió a siete mujeres excepcionales, símbolo de este combate: Rigoberta Menchú, Somaly Man, Graça Machel, Fatiha Boudiat, Olayinka Koso-Thomas, Fatana Yshaq Gailani y Emma Bonino.

Ampliar nuestra mirada a lo que pasa en el mundo no puede ser nunca una coartada para dejar de responder por nuestro pequeño mundo, eso que sin rimbombancia acordaremos en llamar universo de lo privado. No habrá ni verdadera revolución de las relaciones de fuerza entre hombres y mujeres si no comienza en la esfera privada. Y, sí, comenzar ha comenzado. Pero no hay forma de ponerse de acuerdo acerca de cuáles son las reglas de juego, entre otras cosas porque la inercia histórica tiende a reproducir los antiguos mecanismos de dominación. Son, a menudo, básicas reacciones de autodefensa, manifestaciones más o menos vergonzantes de inseguridad masculina frente a los avances femeninos. Un ejemplo: el de los casos, cada vez más frecuentes, en que la mujer toma la iniciativa de las relaciones. Mientras se dilucidan cuestiones afectivas de tipo general, vale, pero en el terreno de la sexualidad ya es otra cosa. Aquí ser **el fuerte** sigue siendo un tópico casi irrenunciable, cuando es evidente que **la fuerza** está del lado de las mujeres. Sin embargo, según parece, son más las mujeres que terminan por recurrir a ayudas sicológicas porque su pareja las hace sentir que *no están a la* *altura, que no tienen la misma facilidad para el orgasmo* y otros reproches del mismo jaez. Otro ejemplo, especialmente polémico: el de la tolerancia respecto de relaciones fuera de la pareja (donde se sigue discriminando a las mujeres respecto de los hombres, en una modalidad más de la hipocresía reinante). Todo un capítulo aparte requeriría contemplar la distinta forma en que este estado de cosas afecta a mujeres y hombres en relación con la maternidad o la paternidad. Muchas mujeres han hecho renuncia de ella, a cambio de conquistar una posición profesional sólida e independiente; de entre ellas son cada vez más las que intentan resarcirse y acceder siquiera sea a una maternidad de *último minuto* en el reloj biológico. En cuanto al ejercicio de la paternidad por parte de los hombres, los cambios son también visibles y muy relacionados con el nuevo modelo de madre: compartir responsabilidades ya no se refiere a cuestiones abstractas, sino a las tareas que lleva aparejada la llegada de los hijos y la necesidad de compatibilizarlas con el trabajo fuera de la casa de los dos. Y aunque, según las estadísticas, los hombres españoles están a la cola de sus compañeros europeos en este terreno, no es éste el principal escollo. Una vez más, apenas se escarba un poco, es la dimensión cualitativa la que aparece en crisis. La paternidad es percibida por algunos hombres como una mera función de acompañamiento, dado el hecho cierto de que la mujer puede optar —y opta cada vez más— a una maternidad en solitario, recurriendo si es necesario a métodos artificiales de fecundación. Una situación que puede llegar a generar en algunos hombres el complejo de simples *portaespermas,* o, peor aún, el *síndrome del inseminador opcional.* No es para tomárselo a broma: uno de cada diez hijos no lo son del padre oficialmente reconocido. Si llega a plantearse el conflicto habrá siempre el recurso al

ADN para resolver la duda, pero por lo general será un secreto perfectamente guardado por la mujer, y sólo ella sabrá si como talismán de supervivencia o como silenciosa revancha ante la vida. Y, sin embargo, estoy convencido de que es precisamente en la experiencia compartida de la maternidad-paternidad donde se encuentran las claves más eficaces para reconquistar una relación armoniosa y restablecer el sentido complementario de los roles de hombres y mujeres. Bajo el sol de la igualdad pero ataviados con la intransferible identidad de cada cual.

El álbum de fotos

Miguel Lorente Acosta

La boda se celebró en su pueblo y en domingo, como manda la costumbre. El novio y sus invitados habían llegado la tarde anterior y se alojaron en el único hostal del lugar. El día amaneció soleado, un poco frío y con algunas nubes amenazadoras, pero ella estaba tranquila en ese sentido, había llevado huevos a Santa Clara y sabía que la lluvia no aparecería.

Toda su vida esperó este momento, el día de su boda. Nunca pensó demasiado en el novio que se convertiría en su marido, se había limitado a ponerle caras, quizá tantas como cantantes de moda y apuestos galanes llenaron las portadas de revistas y los programas de televisión, pero poco más. Ella, sobre todo, había pensado en la boda, en casarse y salir del pueblo; alejarse de ese lugar donde todos se conocían y en el que todos se reconocían.

Desde muy temprano su casa se fue llenando de vecinas, familiares y amigas. Todas querían formar parte de la liturgia de los preparativos, opinar sobre lo que debía ponerse y cómo debía llevarlo.

- *«Que no se te olvide algo prestado»*, decía una voz.
- *«Ni algo azul...»*, sobresalía otra entre el murmullo ininteligible.

En pleno bullicio llegó el fotógrafo y las prisas pasaron a ser desesperación. Significaba que ya sólo quedaba una hora para las doce, para que sonara el tercer repicar de campanas indicando la hora de la misa.

Entre comentarios de unas y opiniones de otras, el fotógrafo le hacía repetir unas poses forzadas y poco naturales propias de revista «Hola» de los años cincuenta, las mismas que su padre había venido reproduciendo y que le transmitió al hacerse cargo del negocio. Eran la clase de fotos que tanto gustaban cuando días después eran expuestas en el pequeño escaparate que la tienda tenía en la esquina de la plaza. A su alrededor se formaban corros para volver a comentar lo guapa que iba la novia y, sobre todo, reproducir algunos cotilleos sobre la familia del novio. El hecho de ser forastero siempre le daba un interés especial a un acontecimiento como el de la boda, tan rutinario cuando los dos contrayentes eran del pueblo.

Mientras el fotógrafo le pedía que se mantuviera erguida y le repetía que levantara más la cabeza, que la girara un poco y la inclinara ligeramente hacia atrás con una leve sonrisa de felicidad, casi mística (*«piensa que eres un cisne»*, se le oía decir); las mujeres más allegadas daban consejos sobre cómo llevar a los hombres en el matrimonio, cómo tratarlos, qué dejarles hacer y qué no; algunas, incluso, entre risas se atrevían a comentar cómo aplacar su siempre exaltada fogosidad. En definitiva, como decía su tía y madrina, a atarlos en corto, buscar esa pequeña parcela de poder que todos necesitamos para respetarnos y para hacernos respetar.

Los fogonazos del flash parecían detener los momentos como luego lo harían las fotografías. Los sonidos del segundo toque de las campanas entraban por la ventana, cuando una llamada del novio desde el hostal le comunicó que en cinco minutos saldría para la iglesia.

- *«No me vayas a tardar, no me gusta estar esperando delante de todos como un pasmarote»*, dijo con voz distante sin apenas preguntarle por nada.

—*¡Qué cosas tiene!, ¡seguro que el pobre está más nervioso que yo!* Pensó al tiempo que sentía por un instante un vacío en el pecho, como si las palabras le hubieran atravesado el corazón; pero los comentarios, las risas y los retoques de última hora antes de hacerse algunas fotos con la familia lo volvieron a llenar.

Una lágrima corrió por su mejilla al cerrar la puerta de su cuarto, detrás quedaron sus muñecas en la estantería y un par de maletas preparadas y cerradas al lado de la cama. De nuevo todas las mujeres, menos su madre, se le acercaron para secársela y recriminarle que no debía emocionarse, que el rímel y el maquillaje se le correrían y luego parecería que le habrían dado un golpe en el ojo. Su madre la miraba fijamente desde el final del pasillo, ella se le fue acercando abriéndose paso entre todas para darle un beso y recordar en silencio ciertos consejos y conversaciones que un día compartieron.

En ese momento apareció el padre con unos ojos brillantes, y no precisamente por la emoción. Llevaba un traje negro, camisa blanca y corbata negra, la misma indumentaria que años atrás vistió cuando murió la abuela; la única diferencia era una pequeña flor de azahar que alguien tomó del ramo de María en el ojal de la solapa izquierda, y unos zapatos brillantes, más por nuevos que por limpios. En el entierro nunca tomó conciencia de ir vestido de traje, ahora que lo había hecho se veía un poco ridículo y nervioso, no estaba acostumbrado, pero el carajillo que había tomado temprano con los amigos y unas cuantas copas de anís después lo habían tranquilizado. Sin atreverse a entrar del todo en la habitación donde terminaban de arreglar a su hija, sabía que era un territorio que no le correspondía, aguantó alguna que otra recriminación sobre dónde había estado y qué había hecho, pero por lo que parecían estar más preocupadas, dadas las caras que ponían y el tono de sus palabras, era por los anillos. Él, siempre desde la puerta y apoyado su hombro en el quicio, mostraba sonriente una pequeña caja forrada de terciopelo negro, al tiempo que la agitaba y hacía sonar un sordo tintineo.

Algunas personas se juntaban alrededor de la puerta de la casa de la novia a la espera de verla salir. Primero lo hicieron unas cuantas mujeres un poco más arregladas que de costumbre, poco a poco fueron apareciendo otras vestidas con sus mejores galas, revelando su mayor proximidad a la novia e indicando que ella estaba a punto de hacerlo. Finalmente apareció María, blanca y radiante como dice la canción, de nuevo embargada por la emoción y sintiéndose protagonista del acontecimiento, tal y como siempre había soñado. La comitiva comenzó a andar por medio de la calle hasta la plaza de la iglesia. Primero la novia del brazo del padre, seguida de su madre, la hermana pequeña y una mezcla de familiares y amigas. Detrás todos los curiosos, que también se agolpaban en las aceras y se asomaban por las ventanas. Durante el trayecto, algún que otro niño vecino del barrio se lanzaba desde el acerado hacia la novia, llegaba a su altura, le tiraba suavemente del vestido para reclamar su atención, y le decía: «Hola María» o «estás muy guapa»; ella sonreía y seguía caminando feliz.

La familia del novio llevaba en la plaza unos quince minutos cuando por una de las calles empezaron a aparecer personas con ropas que las delataban como invitados a la boda. Al poco, el murmullo de fondo arreció y las miradas dispersas se concentraron en la novia y el padrino. La marcha se enlenteció y cuando María, ya en las proximidades de la iglesia, miró a Pedro, éste con gesto serio, aunque forzando una sonrisa, echó un vistazo al reloj sin intención de ver la hora, como recriminándole la tardanza.

Al llegar a la puerta de la iglesia, él dio unos pasos hacia ella. El padre se la entregó y se retiró a un lado para unirse a la madrina. La novia pareció cobrar cierto brillo bajo su velo, él, por el contrario, parecía un camarero de bingo. Llevaba una pajarita ridícula, camisa con una especie de chorreras, fajín de raso negro y un traje del mismo color, a propósito ajustado para que destacara lo que Pedro consideraba un cuerpo musculoso. Los zapatos sin cordones y unos calcetines de rombos oscuros completaban su indumentaria.

Tras los primeros pasos en silencio y los saludos con la mirada, él dijo en voz baja y con la misma sonrisa forzada en los labios:

- *¡Ya era hora!*

Ella no dijo nada y continuó saludando con ligeros gestos y un suave movimiento de cabeza. Cuando ya estaba a punto de entrar en el templo preguntó:

- *¿Te gusta el vestido?*

Él calló y al poco, sin ni siquiera girar la cabeza dijo con un tono frío y seco:

- *No está mal; demasiado escote.*

Cuando se sentó frente al altar y las palabras del sacerdote le hicieron sentir que la atención no estaba sobre ella, notó como se iba alejando de ese momento y de aquel lugar. Retrocedió unos meses en el tiempo. Estaba pasando unos días en el pueblo de su novio para ultimar los preparativos del piso, puesto que como era lo habitual ella, a pesar de tener un mejor trabajo, más estable y con mayor sueldo, debía dejarlo para irse a vivir al lugar del marido; todo el mundo lo dio por supuesto, era lo normal. Fue en el transcurso de una tonta discusión sobre dónde debía ir situado el sofá, cuando de repente sintió como si un petardo insonoro le hubiera estallado en la cara. Estaba segura de que había sentido el calor de la explosión y de que había visto la luz de la llamarada, incluso notó un olor extraño, pero desde el suelo sólo vio a Pedro volcado sobre ella; agitaba los brazos en actitud amenazadora y su voz era lejana, como la del cura en el momento real. Le recriminaba las cosas que le obligaba a hacer y la culpaban de lo ocurrido.

- *¿Lo ves, lo ves? ¿Ves lo que me obligas a hacer, imbécil? ¿Es que no vas aprender nunca? Disfrutas provocándome, y no me queda más remedio... ¿Pero es que no vas a aprender, joder?*, gritaba haciendo ademanes de marcharse al final de cada frase, pero lo que realmente hacía era inclinarse más sobre ella, con los ojos cada vez más abiertos empujando unas cejas completamente arqueadas, como queriendo herirla también con la mirada.

Finalmente se dio la vuelta, caminó unos pasos, entonces el ademán fue para volver, pero sólo se detuvo. Volvió a gritar, quizá más fuerte, alargando cada una de las palabras y salió cerrando con fuerza. Al oír el portazo empezaron a correr las primeras lágrimas por su cara, se tumbó derrumbada con la frente apoyada sobre sus brazos y el llanto ahogando su dolor.

No habrían pasado diez minutos cuando Pedro entró de nuevo. Lloraba como un niño y caminaba temeroso hacia ella, al llegar a su lado se arrodilló e intentó esconder su cabeza entre las piernas. Su llanto cada vez era más fuerte, sólo entrecortado por unos gritos exagerados que pedían su perdón. María con los ojos enrojecidos y llenos de lágrimas, la cara completamente mojada y un gesto más de sorpresa que de tristeza, lo miraba atónita preguntándose qué le habría hecho para que reaccionara de ese modo. El silencio, entrecortado tan sólo por los sollozos de ella y los gemidos fingidos de él, se prolongaba. Tuvo que ser María quien, al cabo de unos minutos interminables, y después de secarse las lágrimas con un kleenex empapado que no paraba de moverse entre la nariz y los ojos, se acercara a él para consolarlo. En pocos segundos se había olvidado de lo ocurrido y sólo trataba de calmar a su futuro marido. Él, mientras, reconocía que se había portado de la peor manera que puede hacerlo un hombre, sabía que en alguna ocasión había actuado de forma violenta, pero argumentaba que todo era porque estaba muy nervioso por la boda, que tenía tantas ganas de casarse, que a veces pensaba que ese momento no llegaría nunca. Necesitaba unirse a ella para llevar una vida tranquila y llena de paz a su lado y al lado de los muchos niños que tendrían. Ella sonreía abrazada a él y le susurraba al oído que no fuera tonto, que no había sido nada y que cuando estuvieran casados serían la pareja más feliz del mundo.

El sofá, finalmente, quedó como él dijo.

Su madre se mostró preocupada cuando semanas más tarde le explicó, de forma simple y restándole importancia, lo ocurrido. Le preguntaba por detalles y ella respondía con vaguedades. Su madre le repetía una y otra vez que nunca lo permitiera, pero según María, todo era producto del dramatismo materno y todo acabaría con la boda. Desde ese día la relación entre ellas fue más superficial, ambas pensaban que era debido a que estaban muy ocupadas con los preparativos de la boda y ultimando el ajuar, pero, en el fondo, las dos sabían que había algo que no iba bien.

Fue la voz del sacerdote comenzando a pronunciar *«María, quieres por esposo a Pedro, y prometes serle fiel en...»* la que de manera inmediata la devolvió a la ceremonia y a vivir la felicidad del momento que había estado esperando e imaginado durante toda su vida.

Todo eran «sí, quiero», la armonía reinaba y las sonrisas recorrían la iglesia, aunque la emoción también invitó a alguna lágrima que las finas redes de los sentimientos no pudieron atrapar.

Su imaginación, al igual que los trenes de Sabina lo hacían hacia el Norte, siempre viajaba al pasado; el futuro le había sido arrebatado a fuerza de golpes. Siguió pasando hojas del álbum de fotos reclinada en el sofá. Quedaron atrás las de la boda y otras muchas. Se vio, semanas atrás, embarazada del hijo que estaba esperando, sentada en una mesa del bar que hay en la plaza del pueblo donde vivían; el suyo quedó lejos en la distancia y, sobre todo, en el tiempo. Era una reunión divertida en compañía de unas parejas amigas, de las que acostumbraba a organizar Pedro y a las que todos acudían para reírse de las bromas y comentarios que su encantador marido hacía y decía. Como de costumbre él era el centro, y esa vez no podía ser menos.

Una especie de escalofrío recorrió su espalda de arriba abajo al tiempo que apretaba el álbum con fuerza. De nuevo las lágrimas, que como las nieves en las cumbres empezaban a ser permanentes, convirtieron la foto en una imagen borrosa y temblorosa, al igual que el recuerdo agitado por el terremoto desencadenado en su memoria. Ese día, delante de los amigos y de todo el que andaba por la plaza, sufrió una de las peores humillaciones. Recordó como empezó todo. Ella rechazó una segunda cerveza que le ofreció su marido. Sonriendo le dijo que no era bueno para el embarazo. De repente, como si hubiera golpeado la espoleta de una bomba, empezó a gritarle al tiempo que se la vaciaba con fuerza sobre el abdomen:

- *¿Pero tú quién te has creído que eres, desgraciada? A ver si te enteras que aquí se hace lo que yo diga. O es que vas a venir a darme órdenes. Tú, que si no hubiera sido por mí serías una don nadie, una cualquiera en tu pueblo de catetos.*

El tono era cada vez más agresivo, la voz más elevada; mostraba al hablar unos dientes apretados que le marcaban los ángulos de la mandíbula, gesticulaba ya con los brazos a escasos centímetros frente a ella. Continuó:

- *¡A mí, que me he sacrificado por ti, que lo he dejado todo para cargar contigo, que he perdido mi libertad por estar a tu lado...! Si volviera a nacer no me ibas a pillar tan fácil... ¡zorra!*

Entre grito y grito se dio la vuelta y se fue con paso ligero, al tiempo que se golpeaba la palma de la mano con el puño. Todos quedaron paralizados. Todos intentaban disimular aparentando tomar un trago de sus copas vacías. Todos guardaban silencio, menos ella, que no paraba de llorar, y su hija, ahora sola, que lo hacía en el centro de la plaza donde antes jugaba con otras niñas que tras la primeras voces corrieron con sus madres. Ninguno de los amigos ni de los paisanos se atrevió a decirle nada, ni siquiera cuando se había marchado recriminaron su conducta; sólo dos de las amigas se ofrecieron a acompañarla a la puerta de su casa, cuidándose bien de no subir por si su marido estuviera esperándola. Cuando ya se había ido, alguien comentó:

- *Pobre Pedro, tiene que estar pasando una mala racha.*

La última foto que vio fue su propia imagen en el espejo. Tenía un maquillaje más marcado de lo habitual que intentaba ocultar el hematoma del pómulo izquierdo. Fue entonces cuando pensó que las nubes que amenazaban lluvia el día de su boda realmente habían descargado una tormenta, y sintió que la mujer del espejo era la verdadera María, no la que aquel día salió de su casa vestida de novia. La vio llegar a la iglesia del brazo de su padre, se encontró frente a su marido enfrascado en su ridículo traje y con la sonrisa forzada. Pero ahora dejó caer el ramo delante de él, se dio la vuelta y desandó el camino hasta su casa, sola, con la gente en las aceras y balcones sin dar crédito. Llegó y encontró a su madre sonriendo, se dirigió a ella para abrazarla...

El sonido del teléfono le produjo un sobresalto, casi siempre era su marido, no podía ser otro, tenía prohibido que la llamaran otras personas.

- *Si quieren algo que vengan aquí cuando esté yo, que si no te llenan la cabeza de pajarillos. Y bastantes trajiste tú de tu pueblo...* repetía jactándose de su autoridad.

Se acercó al teléfono con cierta rabia. Nada más descolgar pudo oír el ruido del bar de fondo, sobre él la voz seca de siempre con el mismo tono inquisitivo de costumbre, preguntó:

- *Se puede saber dónde cojones estabas, que has tardado tanto en contestar.*

Ella guardó silencio durante unos segundos. Con voz pausada, pero decidida, dijo por primera vez y a modo de despedida lo que había estado pensando durante todos estos años:

- *¡Vete a la mierda, cabrón!*, y colgó.

Se encontró frente a su cuarto, las mismas dos maletas cerradas y preparadas con las que un día salió de su casa junto a la cama, su hija María al lado y su niño, al que no llamaría Pedrito, moviéndose en su interior. Cuando caminaba hacia la puerta de salida, al pasar por el comedor, vio el álbum abierto con las fotos pegadas y pegadas de todo tipo en las fotos. Se paró, cogió algunas de su hija y de su familia y lo dejó sobre el sofá de tres plazas donde siempre se sentó sola. Cerró la puerta y abrió un futuro que, de repente, como la sonrisa que iluminaba su cara, sintió haber recuperado.

LAS FOTOS DEL ÁLBUM: NOTAS AL PIE

Foto 1: La agresión a la mujer tiene sus raíces en las normas, valores y creencias de una sociedad androcéntrica que tratan a la mujer de manera diferente al hombre y la sitúan en una posición de inferioridad y sumisión a él. Estas normas se entremezclan con conceptos que hacen referencia a la convivencia, a las relaciones, a la costumbre..., de manera que esconden su valor impositivo y se recubren de normalidad, evitando de este modo entrar en un conflicto objetivo. Así aparece en la foto del pueblo de la novia, donde según la tradición debe celebrarse la boda. Una concesión que parece dar cierto privilegio a la mujer, cuando después lo que realmente ocurre es una renuncia a todo lo suyo para marchar al terreno del marido. Se le da un poco para quitarle un mucho, aumentando de este modo la dependencia del hombre y estrechando los lazos de control. Son conductas y actitudes impuestas, no negociadas o decididas de mutuo acuerdo, que todo el mundo asume y que nadie entra a cuestionarse.

Foto 2: Estas mismas normas se presentan como equitativas, reconocen que hay un terreno para los hombres, pero también otro para las mujeres. Sin embargo, no entran a cuestionar que el terreno de los hombres es prácticamente la totalidad de lo que entra en juego, y que el terreno de la mujer es aquel que el hombre ha diseñado para ella con el fin de facilitar el control y la sumisión. Como en la foto del padre de la novia llegando a casa minutos antes de la boda, las mujeres quedan en el terreno privado del hogar, mientras que el hombre disfruta del espacio público. La aparente propiedad de uno y otro, con el padre apoyado en el quicio de la puerta sin atreverse a entrar, es más ficticia que real, puesto que el hombre puede rebasar sin riesgo alguno ese límite, entretanto la mujer se encuentra con muros de cristal que no puede traspasar; si lo hace, es ella quien debe asumir las consecuencias del riesgo a que se somete.

Foto 3: La agresión a las mujeres es justificada y minimizada por las mismas razones que permiten que se produzcan. En la foto de la plaza del pueblo, después de haberse marchado Pedro, los testigos justifican la agresión pensando que él debe de tener algún problema, pero no lo hacen por el hecho de haber contemplado una agresión psíquica, sino por haberla realizado en público. La conducta del marido no está mal en lo esencial, lo único es que debería haberla llevado a cabo en su casa, de ahí que la justifiquen.

El propio agresor, como se recoge en la foto de la discusión sobre la colocación del sofá, también justifica su conducta. No suele reafirmarse en ella, salvo por la repetición, pero siempre encuentra algún motivo que la explique o le reste importancia, de lo contrario, el choque con la posición de la mujer sería frontal e intenso, y ha de ser suave y tangencial para conseguir el objetivo último de este tipo de violencia: el control y la sumisión de la mujer.

Foto 4: El hombre es socializado para proteger a la mujer y la mujer para ser protegida por él, para cuidarlo junto al resto de la familia y para perdonar los excesos que éste, en el desarrollo de sus funciones, pudiera cometer. La protección del otro se hace en relación con un contexto determinado y con un planteamiento subjetivo. En el caso de la protección del hombre a la mujer todo parte de las normas patriarcales, por lo que la forma de llevarla a cabo depende, fundamentalmente, de sopesar el mal que se trata de evitar y los medios a emplear. Por eso, como quedó plasmado en la foto de la habitación vacía, el hombre insistirá a la mujer sobre «lo que le obliga a hacer», dejando entrever que lo hace por su propio bien. Ella, preparada para perdonar, entenderá que las cosas han ocurrido como él las cuenta, no como realmente las ha vivido.

La actitud del hombre pidiendo disculpas o mostrándose arrepentido será la primera piedra sobre la que la mujer construirá su perdón, pero también será el primer lastre que atará a su cintura y que tirará de ella hacia el fondo del mar de prejuicios sociales por el que navega.

Foto 5: Como las órdenes forzadas del fotógrafo, estas normas, creencias, conductas y reacciones se transmiten de generación en generación, porque consiguen el efecto pretendido y porque son interpretadas como «lo normal», al igual que las fotos de poses forzadas después en el escaparate de la tienda. Si alguna mujer se presenta con unas fotografías más naturales y menos anacrónicas, reflejando una situación sencilla sin recargar de artificialidad, dirían que no son propias de una señora o de una dama y serían rechazadas. La mujer tiene que ser como el cisne que no puede volar en un estanque vigilado por el hombre.

Foto 6: La mejor forma de solucionar la agresión a la mujer es evitarla. No se debe pensar que el matrimonio o la continuidad de la relación en la violencia resolverá el problema. Lo único que se consigue de ese modo es ir aceptando ese grado de violencia, que siempre irá a más, como le ocurrió a María al creer que la boda pondría fin a las agresiones. Adaptarse a una situación no quiere decir que haya cambiado. Cuando nos adaptamos a algo, quien cambia es el que se adapta, no las circunstancias a las que lo hacemos. En el álbum de la sociedad hay demasiados hombres desadaptados a lo que debería ser y muchas mujeres adaptadas a lo que no debería ser.

Foto 7: En muchas ocasiones el golpe que más duele es el que no se da. La violencia psicológica produce más trastornos y lesiones que la violencia física. Para María la escena del bar de la plaza del pueblo fue la peor agresión, sin que mediara ningún golpe. Sin embargo, para los amigos y paisanos sólo fue una discusión propia del matrimonio. Si difícil es que se reconozca la violencia física, más lo es que se haga la agresión psíquica.

Foto 8: El «basta» ha de demostrarse parando, no caminando más despacio. Una mujer maltratada no es fácil que se vea como tal, hay cosas que no se reflejan en los espejos, porque se llevan en el corazón y porque son como fantasmas diacrónicos que guardan el orden establecido. La incorporación gradual a la violencia, las fases de agresión seguidas de las de amabilidad y perdón, y el ambiente general en que se produce, con una relación de pareja de por medio, con sus proyectos e ilusiones, sus encuentros y desencuentros, hacen que la mujer reinterprete su situación bajo ese nuevo patrón. En esas circunstancias no podemos esperar que la mujer maltratada encuentre las fuerza suficiente para tomar conciencia de su estado. La sociedad tiene que conocer todas estas circunstancias y disponer de los medios y recursos apropiados para utilizar en cada caso. La mujer debe saberlo y sentirlos cerca.

Foto 9: Al igual que nadie reparó en la hija llorando en el centro de la plaza, tampoco se valora lo suficiente el efecto que la violencia sobre la mujer produce en los hijos e hijas de la pareja, en las personas cercanas a ella y en la sociedad en general.

Foto 10: La sociedad no puede ser como un álbum de fotos en el que cualquier fotografía se pueda pegar. Hay ciertas actitudes, valores y creencias que nunca deberían haber formado parte de nuestra colección de fotos. No podemos seguir colocando fotografías en un álbum manchado, roto y en el que las páginas pares son reservadas a las mujeres y las impares, más grandes y espaciosas, a los hombres. Es necesario iniciar un nuevo álbum en el que todas las hojas sean iguales para todos y, sobre todo, cambiar de fotógrafo. Debemos rechazar las poses artificiales y las actitudes forzadas que obligan a las mujeres a mantenerse dentro de un determinado concepto y limitan su libertad. Tenemos que buscar esas fotos con actitudes naturales en las que se refleje la normalidad, no «lo normalizado».

MACHISMO Y MITOS DE LEGITIMACIÓN

José Antonio Marina

1

ESTE ARTÍCULO habría encantado a Borges porque va a estar escrito por un autor ausente. Y esta misma ausencia puede servir como metáfora de uno de los temas centrales de la historia de las mujeres: su presencia invisible. Paso a explicar este galimatías. El coordinador de este libro lo diseñó como un conjunto de colaboraciones masculinas. Hombres escribiendo sobre temas femeninos. Lo malo es que yo quería escribir sobre un asunto que no he estudiado solo, sino en colaboración con una mujer. María de la Válgoma, profesora de Derecho Civil en la Universidad Complutense, y yo hemos escrito un libro titulado *La lucha por la dignidad* (Anagrama) en el que estudiamos los movimientos sociales que han ido definiendo, consolidando, realizando la idea de dignidad. No podía faltar, claro está, la historia de los esfuerzos contra la discriminación de la mujer. En este artículo escrito por mí aprovechando esas investigaciones comunes tiene que estar, por lo tanto, presente María de la Válgoma. Éste es el artículo que ella nunca escribió.

Al investigar los movimientos reivindicativos de derechos aparece una estructura común. Da lo mismo que se trate de la abolición de la esclavitud, de la discriminación por razones de raza, religión o sexo, o de la libertad de creencias. Siempre hay que luchar contra la coalición de **intereses** y de **mitos de legitimación.** Casi nadie se atreve a luchar descaradamente por sus propios intereses, y procura justificarlos, racionalizarlos, adecentarlos mediante mecanismos de legitimación. Los esclavistas, por ejemplo, pretendían explotar a los esclavos, pero defendían su conducta afirmando que ciertos hombres necesitaban ser dirigidos. Aristóteles, el gran educador ético de Europa, proporcionó un argumento para todos los esclavistas al afirmar que hay esclavos por naturaleza:

> La naturaleza quiere incluso hacer diferentes los cuerpos de los esclavos y de los libres: unos, fuertes para los trabajos necesarios; otros, erguidos e inútiles para tales menesteres, pero útiles para la vida política (*Pol.* 1254b).

Según Aristóles los esclavos carecen de razón. Dos mil años después, estas palabras iban a estar presentes en la controversia de Valladolid (1550), donde se discutió sobre la condición humana o infrahumana de los indios americanos. Ginés de Sepúlveda, contrincante de Bartolomé de las Casas en esa disputa, muy versado en Aristóteles, defiende la tesis de que es necesario «someter por las armas a aquellos cuya condición natural es que deben obedecer a otro». Las Casas se encrespa, pero la idea de las diferencias radicales entre los hombres está tan extendida que él mismo utiliza un argumento disparatado: es verdad, dice, que existen infrahombres, pero no habitan en los trópicos, donde se encuentran los indios, sino cerca de los polos, o en el horno ecuatorial de donde vienen los negros «feos, crueles y bestiales».

La esclavitud se consideraba así una institución de derecho natural. Había existido siempre y siempre existiría. Era, pues, conveniente para los esclavos estar sometidos. Luis XIII de Francia, en un principio hostil al tráfico negrero, sólo se avino a admitirlo «cuando se le arguyó que era un medio infalible y único para inspirar a los africanos el culto al verdadero Dios». Estas ideas se prolongaron mucho tiempo, lo que favoreció la persistencia de la esclavitud. No olvidemos que en España no se abolíó hasta 1886.

Este mismo esquema —intereses/mitos de legitimación— aparece en todos los movimientos reivindicativos. La lucha por la libertad de conciencia tuvo que enfrentarse con los mitos de la protección de la cohesión social, de la cosificación de la verdad y de la obediencia como perfección. Las reivindicaciones por la igualdad de voto, que terminaron muy recientemente, se basaban también en diferentes mitos. El sufragio universal tardó en implantarse, porque se suponía que dar el voto al pueblo sólo iba a provocar el despojo de los ricos.

Los movimientos reivindicativos con frecuencia tienen que desmontar esos mitos de legitimación, que han penetrado profundamente en las creencias populares. Esto se ve, por ejemplo, en la lucha contra la práctica de mutilación genital de la mujer. Los defensores de estas prácticas culturales aducen que las mujeres están de acuerdo con ellas. La misma Organización Mundial de la Salud llamó la atención sobre «la paradoja de que las víctimas de la práctica sean también sus más firmes defensoras». No hay tal paradoja. Las mujeres han aceptado como evidentes una serie de mitos que conducen a esas prácticas. El primero de ellos es la desconfianza en la capacidad de las mujeres para mantenerse fieles. Una mujer de Kenia afirma: «La circuncision hace limpias a las mujeres, fomenta su virginidad y castidad y protege a las mujeres jóvenes de la frustración sexual al atenuar su apetito sexual». Hay más mitos. Algunas culturas creen que el clítoris y los labios son las «partes masculinas» del cuerpo de la mujer. La mutilación incrementa la feminidad haciendo a las niñas más dóciles y obedientes. Una mujer egipcia dice: «Estamos circuncidadas e insistimos en circuncidar a nuestras hijas para que no haya confusión entre hombres y mujeres. Una mujer no circuncidada es humillada por su esposo, que la llama "tú, la del clítoris". La gente dice que es como un hombre. Su órgano haría daño al hombre».

En la cultura occidental, la discriminación de la mujer se ha intentado justificar durante siglos con unos mitos de legitimación que han tenido una persistencia increíblemente tenaz.

Los dos principales, que se han formulado de modos diferentes, pueden enunciarse así. Primero: *La mujer es peligrosa.* Segundo: *La mujer es mentalmente inferior.* Ambos llevaban a la misma conclusión. Hay que controlarlas, tutelarlas, atarlas en corto. Comentaré cada uno de estos mitos.

2

La mujer es peligrosa. La documentación es tan conocida que sólo mencionaré algunas perlas. En numerosos mitos griegos las mujeres aparecen como destructoras: las parcas cortaban el hilo de la vida; las amazonas eran unas crueles guerreras; las erinias, locas y vengativas, resultaban tan temibles que los griegos no se atrevían a pronunciar su nombre. En el origen de todos los males situaban una figura femenina: Pandora. La Eva bíblica ocupaba la misma posición.

La mujer representaba un mundo peligroso porque desde la prehistoria aparece relacionada con las fuerzas naturales. Durante siglos se ha opuesto la naturaleza a la cultura. El varón era cultura. La mujer, naturaleza, sobre todo por su relación con dos fenómenos sobrecogedores: el nacimiento y la muerte. Aquí surge otra fuente de ambivalencia. En muchas culturas, sólo las mujeres pueden ocuparse de los muertos. Las representaciones de las diosas de la fecundidad, figuras femeninas, son muy antiguas. La diosa Kali, en la cultura india, representa al mismo tiempo la capacidad destructora y creadora. Parece que se pensó que las mujeres están en contacto con las fuerzas que escapan al control del hombre. Tal vez ésta es la razón de la abundancia de brujas en muchas culturas. Me llama la atención que incluso las mujeres hayan insistido en el carácter oscuro de la sexualidad femenina. Simone de Beauvoir dice que en ella «todo es misterioso para la mujer misma, oculto, atormentado». Y la inteligente Karen Horney llama a la mujer «el santuario de lo extraño». Lou Andreas-Salomé, a quien Anaïs Nin llama «la primera mujer moderna», consideraba que la mujer mantiene el contacto con la fuente primitiva de la vida, y que por eso está menos individulizada que el varón.

Los tabúes que han rodeado la menstruación en muchas culturas demuestran un inequívoco horror ante lo misterioso. Y de paso muestran también el abismo de estupidez al que se precipita el ser humano cuando sigue los argumentos de autoridad en vez de atenerse a la experiencia. Una turba de escritores medievales afirman el carácter impuro de la sangre menstrual, citando con frecuencia la *Historia natural* de Plinio. Prefiriendo copiar un libro a mirar la realidad, estos adoradores de lo escrito afirmaron con todo convencimiento que esa sangre cargada de maleficios impedía la germinación de las plantas, hacía morir la vegetación, provocaba el orín en el hierro y la rabia en los perros. Creencias parecidas se dan en muchos pueblos. Para los hindúes, según cuenta Schweder:

> Si una mujer toca a su marido durante el primer día de su período es una ofensa equivalente a matar a un gurú. Si le toca el segundo día, es equivalente a matar a un brahmán. Si le toca el tercer día, es como cortarle el pene. Si le toca el cuarto día es como matar a un niño.

En la Edad Media, los penitenciales católicos prohibieron que la mujer que tuviera la regla comulgase, incluso que entrara en la iglesia. Se le prohibía también que ayudara a misa, tocara los vasos sagrados o accediera a las funciones rituales.

Podríamos hablar de muchos otros mitos amedrentadores. El de la vagina dentada, o el mito de la belleza diabólica. En el *Malleus Maleficarum*, libro que sirvió para perseguir a las brujas —femeninas, por supuesto—, se representa a la mujer como un ser híbrido, con un hermoso y atractivo aspecto externo, pero con el interior podrido y peligroso. «La mujer es una quimera. Su aspecto es hermoso, su contacto fétido, su compañía mortal.» El poema de Rilke —«lo bello es el comienzo de lo terrible»— no era entonces un verso sino casi un dogma. Petrarca es un caso de libro. Muerto de amor, escribe los poemas a Laura, al mismo tiempo que estampa en otro libro la siguiente perla: «La mujer en un verdadero diablo, un enemigo de la paz, una fuente de impaciencia, una ocasión de disputa de la que el hombre debe mantenerse alejado si quiere gustar de la tranquilidad».

En el siglo X, Odón, abad de Cluny, escribe este exabrupto:

> La belleza física no va más allá de la piel. Si los hombres vieran lo que hay debajo de la piel, la vista de las mujeres les sublevaría el corazón. Cuando no podemos tocar con la punta del dedo un escupitaje o la porquería, ¿cómo podemos desear abrazar ese saco de estiércol?

A mediados del siglo XVII San Carlos Borromeo escribe sus *Instrucciones a los confesores*, un tratado muy difundido que ejerce gran influencia durante más de dos siglos. Para San Carlos Borromeo, todos los confesores tenían que tomar precauciones extraordinarias con las penitentes. Exigirán que se acerquen a confesar con la cara cubierta «con un velo que no sea demasiado transparente». No debe hacerse la confesión sino durante el día, en un lugar descubierto de la iglesia. Además no podrá confesarlas un sacerdote de menos de treinta años. Además, durante siglos se afirma que las mujeres atraen a los hombres con malas artes. Es el mito de la «mujer fatal». «Fatal» procede de la palabra *fatum*, que quiere decir «destino», una fuerza poderosísima que anula la libertad. Tienen un poder emocional, son brujas y adivinas. En el *Malleus Maleficarum* ya se dice: «La experiencia enseña que la perfidia de la brujería se encuentra más frecuentemente entre mujeres que entre hombres».

3

La inferioridad mental de la mujer. Éste es el segundo mito de legitimación del machismo, que justifica que la mujer tenga que ser tutelada y atada en corto. En primer lugar, porque no es capaz de controlar su propia conducta.

En 1330, el franciscano Álvaro Pelayo, de origen español, penitenciario mayor de la corte de Aviñón, redacta a petición de Juan XXII el Tratado *De planctu Ecclesiae* («El llanto de la Iglesia») en el que expone «los 102 vicios y fechorias de la mujer». Hay, pues, una contabilidad precisa en la campaña antifemenina. La gran tesis es el infantilismo de la mujer. La mujer es crédula, se deja llevar por las apetencias, es tan voluble como un niño y por ello no puede tener autonomía y debe estar siempre bajo la tutela del hombre, al que necesita no sólo para engendrar, sino para tomar las decisiones y conducirse en la vida. Frente a la racionalidad del varón ella es un hervidero emocional.

Estos estereotipos penetran tan profundamente en la cultura ambiente que resulta dificilísimo librarse de ellos. En plena Ilustración, un hombre tan inteligente y avanzado como Kant escribe lo siguiente: «La virtud de la mujer es una virtud bella, la del sexo masculino debe ser noble. La mujer evita el mal no por injusto, sino por feo. Nada de deber, nada de necesidad, nada de obligación. A la mujer le es insoportable todo orden. Hace algo sólo porque le agrada y el arte consiste en hacer que les agrade aquello que es bueno».

Esta idea de la falta de control llegaba hasta precisiones muy cotidianas. Aconsejaba, por ejemplo, tener a las mujeres muy ocupadas para evitar que se desmandaran. San Bernardino de Siena, aconseja a los maridos a que obliguen a sus mujeres a fregar diez veces los mismos platos: «Mientras las mantengas activas no se quedarán asomadas a la ventana, y no se les pasará por la cabeza unas veces una cosa y otras otra». Son consejos que aún están vivos. Acabo de leer un estudio sobre la condición femenina en un pueblo de la Grecia actual. Para comenzar se cita un proverbio: «Hay tres cosas peligrosas, el fuego, el agua y la mujer». Las mujeres decentes tienen que preparar comidas muy trabajosas, que las tengan ocupadas mucho tiempo, apartándolas así de la liviandad. Hasta tal punto está extendida esta idea que a la comida preparada con rapidez se la llama «comida de prostituta», que en griego es: *tis poutanas to fai*. Tomás de Aquino resume, pues, una tradición de siglos al escribir:

> La mujer necesita del varón no sólo para engendrar, como ocurre con los demás animales, sino incluso para gobernarse: porque el varón es más perfecto por su razón y más fuerte en virtud.

Catherine Lutz, una «feminista» a la que profeso gran admiración, proporciona datos acerca de la vigencia de estas ideas. Es una antropóloga que se fue a vivir a un atolón de la Micronesia, con una tribu primitiva, y escribió un libro muy interesante, *Unnatural Emotions* («Emociones no naturales»), para demostrar que los sentimientos tienen un fortísimo componente cultural. Critica el modo como tratan este asunto muchos psicólogos americanos. Dan por supuesto que la mujer es más emocional, y puesto que la emoción es lo contrario de la razón, al considerarlas emocionales no les están dirigiendo un piropo, sino llamándolas irracionales. Un psicólogo de prestigio, Havelock Ellis, que quiso renovar los estudios sobre las diferencias sexuales, compara a las mujeres con los niños, los salvajes y los hombres nerviosos. Todos ellos son también «muy emocionales». Lutz menciona un episodio muy curioso que protagonizó en 1984 el candidato de raza negra, reverendo Jackson, a la presidencia de Estados Unidos. En uno de sus discursos se refirió al voto judío de manera ofensiva. Posteriormente, para disculparse, pidió al público que culpara de ese error a su cabeza, y no a su corazón, que era fiel a los judíos. Su corazón le era más propio y, por lo tanto, no sentía de verdad lo que había dicho. Pero esa excusa le eliminó definitivamente de la carrera hacia la Casa Blanca, porque había confesado su emocionalidad. Para Lutz la razón de que ni un negro ni una mujer hayan llegado a ser presidentes se debe a esta creencia en que su emotividad no es de fiar. En un estudio de 1978 sobre los medios de comunicación, se comprueba que se admite como un dogma la existencia de un grupo de seres pasionales, incapaces de mantener una conducta racional, a saber: niños, adolescentes, enfermos mentales, pueblos primitivos, inmigrantes, negros, las muchedumbres, y, sobre todo, las mujeres. Por cierto, hasta 1975, el Código Civil español equiparaba la mujer casada a los niños, a los locos o dementes y a los sordomudos que no supieran leer o escribir, por lo que se le prohibía contratar (Art. 1263). Como ven, los mitos de legitimacion tienen más vidas que los gatos.

4

¿Cómo funcionan estos mitos de legitimación? Se instauran en las cabezas bajo la forma de prejuicios, y adquieren la sombría eficacia de estos estereotipos sesgados, cuyo estudio comenzó hace muchos años ya Gordon W. Allport. Podríamos definir un prejuicio como «estar seguro de algo que no se sabe». Es una actitud hostil o una creencia hacia una persona que pertenece a un grupo, simplemente porque pertenece a ese grupo. Lo importante es que se blindan contra toda experiencia, se inmunizan contra las pruebas en contra, es decir, no son reversibles bajo la acción de conocimientos nuevos.

Este procedimiento de inmunización puede hacerse seleccionando sólo la información que corrobora el prejuicio y suprimiendo consciente o inconscientemente el resto; o bien aceptando la información contraria, pero interpretándola de una manera distinta para reforzar el prejuicio. Este último caso lo ilustra Allport con el siguiente ejemplo: «En Rodesia, un camionero blanco, al pasar junto a un grupo de indígenas ociosos, murmuró: "Son unos bestias haraganes". Pocas horas más tarde vio a otros nativos que cargaban sobre un camión bolsas de cereales que pesaban cerca de cien kilos, cantando rítmicamente mientras realizaban esa faena. "Salvajes" gruñó. "¿Qué más puede esperarse de ellos?"».

Cuando un prejuicio se generaliza, la presión social hace que con frecuencia las mismas víctimas del prejuicio lo acepten. A mediados de los sesenta, Anne Marie Rochebavle-Spenlè, una buena psicóloga social, hizo una investigación muy rigurosa sobre el rol masculino y femenino. Y encontró que al hablar de ellos los hombres destacaban siempre las características masculinas más positivas, mientras que las mujeres ponían todo el énfasis en sus aspectos más desfavorables. Cito un texto de esta autora: «Esta actitud de depreciación de un grupo por sus propios miembros no es exclusivo de las mujeres, se da también en los negros y en los judíos». Gloria Steinem, una feminista inteligente, ha escrito un libro sobre este asunto contando su propia historia. En realidad, la baja o la alta estimación, como la mayor parte de los sentimientos, se aprende. Por esto es tan importante recibir una buena educación sentimental. Gloria Steinem confiesa: «Había interiorizado la *subvaloración* social de todo lo femenino, incluida mi propia persona».

Hay un mecanismo más cruel aún de pervivencia de este mito legitimador contra la mujer. Se trata de lo que los psicólogos llaman «profecías que se autorrealizan por el hecho de enunciarlas». Pondré un ejemplo. Si yo temo que un chico robe y para evitarlo guardo todo bajo llave y lo trato como si ya fuera un ladrón confeso, hay muchas posibilidades de que el chico acabe descerrajando un cajón y escapándose con el santo y la limosna. Si a la mujer se le niega la posibilidad de defender sus opiniones racionalmente, acabará defendiéndolas irracionalmente, con lo que el hombre podrá concluir: «Lo ves. Ya te decía que son todas unas histéricas». Palabra que, como se sabe, procede del griego *hysterá*, que significa «matriz».

Durante muchos siglos no sólo se cerró a la mujer el paso a la instrucción, sino que, incluso cuando la poseía, se consideraba un síntoma de masculinidad que debía ocultar. En el libro *The Ladies Pocket Book of Etiquette*, un manual de urbanidad femenina multieditado a mediados del siglo XIX, se recomienda: «Por muy instruida que seas evita los temas abstractos de conversación. Nunca luzcas en ella talento alguno». En otro libro escrito por el doctor Gregory, titulado *Legado de un padre a su hija*, se lee: «Si tienes algún conocimiento, debes guardarlo como si fuera un profundo secreto, especialmente con respecto a los hombres, que generalmente ven con mirada celosa y malevolente a la mujer de grandes dotes y de inteligencia cultivada». Si se da por supuesto que una mujer inteligente es poco femenina, la mujer acabará haciendo lo posible por parecer mema, con lo que, al final, tendrán razón los hombres cuando critiquen su inteligencia. Como ven, el círculo se cierra, gira sobre sí mismo, y se hace eterno.

5

La lucha contra los prejuicios es larga. En España, por ejemplo, el mito de que la mujer debía ser tutelada duró muchos siglos. La mujer tenía la obligación legalmente impuesta de obedecer al marido. Según el Artículo 57: «El marido debe proteger a la mujer, y ésta obedecer al marido». El preámbulo de la Ley 24 de Abril de 1958 lo explica en un párrafo que no tiene desperdicio:

> «Existe una potestad de dirección que la naturaleza, la religión y la historia atribuyen al marido, dentro de un régimen en el que se recoge fielmente la tradición católica que ha inspirado siempre y debe inspirar en lo sucesivo las relaciones entre los cónyuges».

Como ven, el mito de legitimación se fundaba, nada menos, que en la naturaleza, la religión y la historia. ¿Quién se podía atrever a ir en contra de tan solemnes garantías? Hasta 1975, sin licencia del marido la mujer no podía trabajar, ni abrir cuentas en un banco, ni obtener el pasaporte o el carnet de conducir. Si contraía matrimonio con un extranjero perdía la nacionalidad y era considerada extranjera a todos los efectos. Si vivía en España se le extendía una carta de residente, perdían validez sus estudios, no podía ser funcionaria y para trabajar necesitaba como cualquier extranjero permiso de trabajo.

En este afán por considerar incapaz a la mujer, hasta 1975 no se le reconocía patria potestad sobre sus hijos. Pese a que la mayoria de edad se alcanzaba entonces a los 21 años, la mujer no podía abandonar la casa de sus padres hasta los 25. El Artículo 321, decía:

> A pesar de lo dispuesto en el articulo anterior (la mayoria de edad empieza a los 21 años cumplidos) las hijas de familia, mayores de edad, pero menores de 25 años, no podrán dejar la casa del padre o de la madre, en cuya compañia viva, más que por licencia de los mismos, salvo cuando sea para contraer matrimonio o para ingresar en un instituto aprobado por la Iglesia.

Las cosas han cambiado en España desde la Constitución de 1978 y las leyes posteriores, pero en casi todo el mundo la mujer sigue sufriendo graves discriminaciones. Más del 70 % de los pobres del planeta son mujeres, y más de las dos terceras partes de los analfabetos también lo son. Ambas cosas van, por supuesto, unidas. El 80 % de los refugiados del mundo son refugiadas. En todas las guerras se utiliza sistemáticamente la violencia sexual. Durante la Segunda Guerra Mundial el ejército japonés obligó a trabajar como esclavas sexuales a 200.000 mujeres. En 1996 el gobierno lo reconoció, pero se negó a indemnizarlas a pesar de la insistencia de la ONU. Según UNICEF más de un millón de mujeres mueren al año por el hecho de ser mujeres. Amartya Sen afirma, fundándose en estadísticas, que en los países que discriminan a la mujer hay cien millones menos de las previsibles. «De los ocho mil abortos que se produjeron en Bombay una vez que los progenitores supieron el sexo del feto, sólo uno hubiera sido niño. En Irak, en 1990, un decreto permitía a los hombres matar a las mujeres por cuestión de honor. Cada año dos millones de niñas son sexualmente mutiladas. A pesar de que una ley promulgada en Bangladesh castigaba las violencias contra mujeres, «una multa de 500 pesetas suele ser suficiente para que el marido o el amante despechado (que ha usado ácido para vengarse desfigurando a la mujer), abandone la prisión» (*El Mundo*, 20-5-2001).

6

Desmontar los mitos de legitimación, que han calado tan profundamente en la mentalidad de un pueblo, es una tarea complicada y lenta. La historia de los movimientos sociales nos demuestra como es necesario utilizar todos los medios posibles: manifestaciones, recogida de firmas, panfletos, sentadas o encadenamientos, clubes para movilizar la opinión, organizaciones, medios de comunicación, publicaciones y debates. Henry James nos ha dado una brillante descripción de este animoso proselitismo en su novela *Las bostonianas*. Los comprometidos en la lucha contra la discriminación de la mujer tenían que cambiar el modo de pensar y sentir de una sociedad entera, y aplacar los furibundos movimientos de rechazo que su acción despertaba.

Del estudio de estos movimientos sociales se saca una importante teoría ética. Todas las reivindicaciones tienen que apoyarse en un derecho que quiere ser reconocido. Son, pues, luchas por el reconocimiento. Por esta razón, las mujeres se han sentido muy próximas a las víctimas de otros mecanismos de exclusión. Defender sus derechos era un modo de colaborar a la defensa de todo el sistema de los derechos humanos. Al principio, todos estos grupos discriminados reclamaban un «derecho a la diferencia», un «derecho colectivo». Pero reclamar derechos colectivos plantea más inconvenientes que ventajas. El grupo puede anular o desdibujar al individuo. Basar derechos en la diferencia sólo conduce a que cada «grupo diferenciado» pueda reclamar los suyos. Si tiene la suficiente tenacidad y fuerza, puede acabar consiguiéndolos. Fueron las feministas las primeras en darse cuenta de que frente a su diferencia —ser mujer— se podía levantar otra diferencia —ser hombre— y una superdiferencia —ser machista—. Comprendieron entonces que lo importante era reivindidar los derechos universales, y luchar contras las discriminaciones.

Hay que elegir. O lucha por la identidad o lucha contra la discriminación. La lucha por la identidad tiene que apelar a mecanismos de afirmación y de exclusión. Decir: tengo derecho a ser mujer, negro, gay, nacionalista, no nacionalista, es una postura de combate, más que una fórmula ética o jurídica. En muchas ciudades europeas se celebra el «Día del orgullo gay». Se trata de una manifestación de protesta contra una actitud social de rechazo. No es en el fondo una reclamación de un derecho a la diferencia, sino una reclamación del derecho a no ser discriminado por una diferencia. Cuando desaparezca el rechazo, esas manifestaciones de afirmación desaparecerán también. Entonces será tan extemporáneo hacer una manifestación del orgullo gay como hacer una manifestación del orgullo heterosexual. La lucha por la no discriminación es más universal y está mejor fundada que la reivindicación de la diferencia. Lo importante es defender que no se puede privar a nadie de sus derechos personales por razones no legítimas.

Acabamos de hacer un descubrimiento notable, poético y amplio como el mar. Cuando apelamos a los derechos privados estamos intentando instaurar un nuevo modo de vida fuera de la lógica de la fuerza. No queremos vivir sometidos, pero tampoco con el arma bajo el brazo. Las discriminaciones son o fruto de la razón, y entonces debemos aceptarlas porque son justas (discriminamos a los asesinos y los encarcelamos), o fruto de la fuerza. La discriminación de la mujer era fruto de la fuerza. Y lo sigue siendo.

También debemos aprender que han sido movimientos sociales amplios, tenaces, justos, esforzados, los que han conseguido que la especie humana se haya ido humanizando. Ningún avance se ha conseguido sin esa energía creadora mancomunada. Ningún avance se mantendrá. Eso nos convierte a todos en responsables de lo que sucede, y nos exige convertirnos en activistas de la justicia. Frente a la pasividad, al desánimo, al sentimiento de impotencia, debemos reivindicar el poder de la acción individual, cuando es capaz de integrarse en una meta compartida.

¿IGUALDAD EN EL TRABAJO?

Manuel Pimentel Siles

AL ACEPTAR LA AMABLE invitación de colaborar en el libro sobre la igualdad de oportunidades vista por los hombres, supuse que no tendría grandes dudas en el enfoque que tendría que dar al capitulo, al haber tenido que trabajar en este tema con frecuencia durante mi actividad publica. Gran error: cuando por la noche me sentaba delante del ordenador, todas las reflexiones con las que pretendía iniciar el escrito me parecían tópicas, manidas. Por eso, al final, decidí, con la cómplice ayuda de cifras y datos, intentar bucear en la situación laboral de la población femenina, con el convencimiento de que sin la igualdad en los niveles retributivos y de empleo entre hombres y mujeres la equiparación de derechos entre ambos no pasará de ser mera teoría; no debemos equivocarnos: en la sociedad occidental, sin una relativa independencia económica sencillamente es inviable conseguir la deseada igualdad.

Nuestra legislación contempla, y consagra, la igualdad de oportunidades entre géneros; por mucho que rastreemos, difícilmente encontraremos una sola línea que lo ignore. Pero sin embargo nuestra realidad aún dista mucho de alcanzar este principio tan elemental, tan básico: todas las personas somos iguales independientemente del sexo, la religión, la ideología o la raza. Y ¿dónde podemos ubicar esos residuos de desigualdad que aún perviven entre nosotros? En estas últimas décadas, sin duda, el salto ha sido espectacular. Si tenemos en cuenta que hasta mediados de los setenta en nuestro derecho civil la mujer necesitaba de la autorización del marido o del padre para realizar determinados actos de disposición de sus propios bienes, podemos apreciar el abismo que dista hasta nuestros días. Yo diría que en los dos ámbitos donde la sociedad actual más evidencia la desigualdad son en los salvajes sucesos de violencia doméstica y en el mercado laboral.

Realizaré un breve, y espero que no aburrido, análisis diferencial entre el empleo masculino y el femenino. Aunque cada año nacen más niños que niñas, la mayor esperanza de vida que disfrutan las mujeres (83 años frente a los 76 de los hombres) hace que el peso demográfico de las mujeres sea ligeramente superior al de los hombres. Esta diferencia es más acusada mientras mayor es la edad. En concreto, la población total española en edad laboral, esto es de 16 ó más años, es de 32.847.100 personas, de las cuales 17.048.400 son mujeres y 15.827.700 hombres. A pesar de esta desproporción —y sobre todo por la diferencia de actividad de las personas más mayores—, tan sólo 6.806.200 mujeres son consideradas como población activa (es decir, quieren un trabajo remunerado), frente a los 10.106.400 activos. Si analizamos el empleo y el desempleo comprobaremos la intensa desigualdad de los datos: 9.149.900 ocupados frente a 5.461.000 ocupadas; en la otra cara de la moneda, el número de parados asciende a 956.600 frente al 1.345.200 de paradas.

La última Encuesta de Población Activa (EPA) mostraba una tasa de desempleo en nuestro país del 13,61 %, la más alta de toda la Unión Europea. Sin embargo, esta tasa de desempleo, para comprender su real sentido, tenemos siempre que desagregarla por género. Entonces nos llevamos una sorpresa. La tasa de desempleo masculino es del 9,47 %, frente al femenino que asciende al 19,76 %: esto es, los hombres españoles tenemos un paro muy similar al de los hombres europeos, mientras que nuestras mujeres duplican en desempleo a sus congéneres europeas. Dicho casi en titulares periodísticos, el paro tiene sexo, y es femenino. Esta desigualdad es muy superior en la empresa privada frente a los puestos de trabajo de la administración: en estos momentos, cuando el acceso a un puesto de trabajo viene determinado por los resultados de pruebas objetivas, tales como las oposiciones, el porcentaje de mujeres que las superan tienden a superar al de los hombres. Claro que la aparente mayor disposición de las mujeres a presentarse a oposiciones objetivas de acceso a la administración viene motivado por la confianza de depender de los propios méritos y conocimientos, independientemente de otros criterios de selección que pueden marginarla.

En cuanto al tipo de empleo de nuevo podemos observar que los hombres salimos mejor parados que las mujeres. La estabilidad del empleo masculino es superior al femenino, que se ve más abocado a la temporalidad. Asimismo, 889.100 mujeres trabajan a tiempo parcial frente a 246.800 hombres. Por último querría resaltar que desgraciadamente los niveles salariales de las mujeres son inferiores a los de los hombres. Esta diferencia no viene determinada por los convenios colectivos, sino por el tipo de trabajo cubierto; normalmente en las capas de dirección el porcentaje masculino es superior.

Durante los cuatro años que tuve responsabilidad pública en materia laboral, tan sólo me encontré un convenio donde se consagrara de forma casi directa una diferencia salarial entre hombres y mujeres; era en un convenio de aceituna de mesa, pero fue rápida y oportunamente solventado por las partes. Aquello me hizo reflexionar en lo acostumbrada que estaba nuestra sociedad agraria a pagar salarios distintos a hombres (siempre más elevados) que a mujeres, cuando desarrollaban las mismas faenas de recolección; y lo más curioso es que durante años esta diferencia fue vista con toda naturalidad por nuestra sociedad.

La efectiva igualdad salarial no sólo se conseguirá cuando un mayor porcentaje de mujeres accedan a puestos directivos; será necesario además que en los convenios colectivos se redefinan los niveles salariales de los puestos de trabajo mayoritariamente cubiertos por mujeres. Esta tradicional discriminación salarial, encubierta en los convenios, es todavía muy desconocida y, como se supone que ha sido legítimamente negociada por las partes, mayoritariamente aceptada. Pondré un ejemplo simple: pensemos en una línea industrial tradicional en la que determinada tarea de selección del producto sea realizada en líneas habitualmente cubiertas por mujeres, y que otra faena, por ejemplo el envasado en cajas, sea trabajada mayoritariamente por hombres. Existe una alta probabilidad que los segundos puestos de trabajo tengan niveles salariales superiores a los primeros, a pesar de la similar cualificación necesaria; se produciría de este modo una forma legal e indirecta de discriminación salarial. Tradicionalmente, tanto los negociadores sindicales como empresariales han sido hombres, lo cual tampoco facilitaba la supresión de esta peculiar discriminación convenida.

Si analizamos los niveles de protección social nos encontraríamos que tanto el nivel de prestaciones de desempleo, pensiones, incapacidades temporales y otras, siempre presentan mayores niveles económicos en hombres que en mujeres, debido a la estructura principalmente contributiva de nuestras prestaciones: a mayores salarios mayor cotización, y por tanto mayor prestación. En el momento que consiguiéramos una auténtica equiparación salarial las futuras prestaciones sociales se irían equiparando. El caso específico de las viudas actuales —no hay que olvidar que las mujeres viven más que los hombres—, pertenecientes a unas generaciones en las que sólo el hombre aportaba el sueldo a la casa, es una puntual y específica tarea pendiente en nuestros sistemas de protección, a pesar de las evidentes mejoras de los últimos años. Sin embargo, y debido a la creciente participación de las mujeres en el mercado de trabajo, este problema de desigualdad de renta será menguante a largo plazo.

En este primer y somero análisis ya podemos obtener una primera conclusión: las mujeres tienen menos empleo, de peor calidad, con menores salarios, y por consiguiente con menores niveles de protección. ¿Hay quién dé más? Ésta es una realidad perfectamente constatable en cualquier estadística oficial, y que marca además una diferencia ofensiva con los países de nuestro entorno europeo, en los que, aunque las mujeres también presentan datos inferiores a los de los hombres, la desigualdad es mucho más reducida: las tendencias de igualdad en Europa comenzaron mucho antes que en nuestro país. Como anécdota referiré los dos únicos países donde el desempleo masculino es superior al femenino: Suecia y Reino Unido, aunque bien es cierto que una gran parte del empleo femenino es a tiempo parcial. Y me parece especialmente importante que los hombres seamos no solamente conscientes de esta injusta desigualdad, sino que nos convirtamos en motores de los cambios necesarios; cambios que sin duda mejorarán nuestra sociedad. Las políticas de igualdad no son cosa de mujeres, deben ser objetivo de la sociedad, y por tanto de las personas que la componen, hombres y mujeres.

Con los datos encima de la mesa, más de un lector o lectora puede caer en desánimo, y pensar que todo el debate sobre la igualdad hombre-mujer no ha pasado de planear como una simple quimera, sin ningún resultado práctico. Nos equivocaríamos si así pensásemos. Sinceramente creo, que a pesar de las dificultades que aún perduran, la igualdad entre hombres y mujeres también avanzará en materia laboral durante estos próximos años. Para cimentar esta optimista tesis, valdrían los datos de estos últimos ejercicios. En los años 1999 y 2000 la creación de empleo fue especialmente intensa en nuestro país. Tomando de base la interanual de la EPA del tercer trimestre de 2000, los nuevos puestos de trabajo fueron de 670.000 en total, de los cuales 380.000 fueron de mujeres y 290.000 de hombres, y esta misma tónica se repitió en los años anteriores. Luego podemos afirmar con satisfacción que el empleo femenino crece más rápido (al 7,52 %) que el masculino (al 3,26 %), y es razonable pensar que esta tónica se prolongará durante los próximos años, por lo que las amplias diferencias actuales irán paulatinamente disminuyendo.

En la nueva sociedad, donde el sector servicios es el auténtico motor de creación de riqueza y por tanto de empleo, el más determinante factor de competencia es el conocimiento. Y es bien sabido que en nuestro país las mujeres leen más que los hombres, y que la población universitaria en nuestro país, desde hace años, ya muestra idénticos niveles de alumnas que de alumnos. El conocimiento no tiene sexo, y cada día será considerado como el recurso más deseado, y el principal factor de competitividad. Y ante él, mujeres y hombres somos iguales.

La natalidad en España ha caído de forma acelerada desde mediados de los años setenta, cuando teníamos la mayor tasa de Europa, hasta nuestros días, presentando en la actualidad la menor natalidad, junto a Italia, del mundo. Los expertos consideran que la *ratio* de hijos por mujer para que una sociedad mantenga población es de 2,1, cifra muy alejada de los 1,1 de la España actual. Y ¿por qué esta brusca, y mucho más acusada que en Europa, caída de la natalidad? Supongo que se deberá a una combinación de factores, cambios culturales, políticos, de costumbres, nuevo rol de la mujer, ausencia o precariedad de empleo en las parejas, niveles de renta y un largo etcétera, pero no cabe duda de que existe una diferencia con Europa que tendríamos que explicarnos. Personalmente pienso que el mercado laboral tiene mucho que ver en ello. Las mujeres han tenido una especial dificultad en acceder al mercado de trabajo, y cuando lo conseguían era con un trabajo temporal.

La relación calidad-cantidad de empleo con natalidad se puede observar con toda nitidez en sociedades muy avanzadas, como la sueca. En ella se aprecia que los periodos de crecimiento del empleo se superponen a periodos de mayor natalidad. Asimismo, los períodos de recesión económica, y por tanto de menor y peor empleo, coinciden con los ejercicios con menos nacimientos.

Además, el empresario consideraba la simple posibilidad del embarazo de la mujer como una carga para su empresa, y, por si fuera poco, los hombres, mayoritariamente, hemos considerado que los hijos eran responsabilidad de nuestras mujeres. Nacía el mito de la «superwoman» que tenía que llevar la casa, atender y criar a los hijos y al marido, cumplir con su horario laboral y, además, realizarse como mujer. Por el contrario, los hombres tan sólo teníamos que triunfar en el mundo laboral. Con este panorama, ¿se puede extrañar alguien de la brusca caída de la natalidad? Para conseguir un incremento de la natalidad en nuestro país, que aunque fuera leve sería deseable, no tan sólo serían necesarias políticas y apoyos públicos, ni siquiera mejor tratamiento laboral: será necesaria la íntima convicción por parte de los hombres de que los hijos son cosa de dos. Las sucesivas leyes y acciones que permitan tanto a mujeres como a hombres una mejor conciliación entre vida familiar y laboral permitirán superar muchas de las actuales dificultades.

Algunos pasos avanzados, como los del coste cero, que evita, gracias a una bonificación de la seguridad social, la doble cotización que sufrían las empresas cuando tenían que sustituir a una mujer por maternidad, dejan sin argumento alguno a los que veían en la maternidad un sobrecoste para las empresas. La baja por maternidad —dieciséis semanas en España— puede ser compartida por mujeres y hombres a partir de la cuarta. Aunque todavía esta posibilidad es poco usada en nuestro país, no me cabe duda de que su utilización será creciente en el tiempo.

Cuando elaboramos el texto de la nueva ley de conciliación de vida familiar y laboral pude asistir a varios debates en los que se contraponían dos fórmulas de distribución de las semanas de baja. Algunas personas opinaban que legalmente se debía obligar, tanto al hombre como a la mujer, a disfrutar a medias de este periodo de maternidad —paternidad—. Se argumentaba que así ninguna empresa marginaría a las mujeres, ya que tanto el hombre como la mujer estaban obligados a darse de baja por el mismo tiempo. Otras personas opinaban que lo mejor era respetar la libre decisión de las parejas; que debían en su intimidad decidir quién tomaba el permiso. Al final optamos por esta segunda opción, pero no he querido dejar de reseñar la primera, porque no cabe duda de que también tiene un sólido fundamento. Y me he extendido en la baja por maternidad porque puede ser una de las más importantes bases de discriminación a la hora del acceso a la empresa, toda vez que el debate en torno a las capacidades quedó enterrado hace muchos años.

Hemos conocido humillantes cuestionarios, en los que a la candidata se le preguntaba si tenía novio, si se iba a casar pronto y si pensaba tener hijos, decisiones todas ellas pertenecientes a la más estricta intimidad de las personas; por supuesto a los candidatos varones no se les formulaban cuestiones de esta índole. Evidentemente no se iban a quedar embarazados.

No querría finalizar estos folios sin reflexionar sobre alguno de los aspectos laborales que se derivarán del envejecimiento de la población. Como es bien conocido, la necesidad de atención a nuestras personas mayores será creciente en el tiempo, lo cual significa que estaremos ante un importante yacimiento de empleos en el sector servicios. Pero, dado que mucha de esta atención se dará desde el domicilio, con trabajo familiar no retribuido, podríamos volver a incurrir en otra fuente de desigualdad: la mujer como exclusiva responsable de esta atención, exigiéndole el doble trabajo externo e interno, o, lo que es muy frecuente, que sea ella la que acepte un trabajo a tiempo parcial, para poder simultanear las tareas, mientras que nosotros, los hombres, nos reservaríamos en exclusiva el trabajo a tiempo completo. Pero evitar esta situación no sólo será responsabilidad familiar. Creo que sería de extraordinaria importancia crear potentes servicios sociales, que permitan una eficaz atención domiciliaria, y atención en los centros de día. No sólo se estará creando mucho empleo, una parte muy importante de él femenino, sino que además estaremos dotando a nuestros hogares de una potente herramienta de conciliación de vida familiar y laboral, permitiendo y favoreciendo la igualdad real de oportunidades.

Trabajo, empleo en cantidad y calidad, independencia económica, igualdad de acceso a puestos de responsabilidad y a niveles salariales, respeto mutuo, responsabilidad compartida para la natalidad y atención familiar serán los cimientos de la verdadera y deseable igualdad entre hombres y mujeres; toda la sociedad saldrá ganando con ella, mujeres y también hombres. Y en esta materia yo soy optimista; en nuestro país se han superado muchas atávicas desigualdades. Pronto, la injusta situación que numéricamente he descrito en estas páginas, será simple historia; estoy convencido de que todas y todos lucharemos por ello.

Salir de la caverna

Ramón J. Márquez «RAMONCÍN»

Un hombre siempre tiene razón
cuando admite que se equivoca frente a una mujer.

Voltaire (julio 1740)

Esta agudeza, escrita por un hombre que nació hace más de trescientos años, no es una reflexión cierta, tampoco incierta, sino un camino por el que empezar a discurrir, un método para razonar acerca de una relación inevitable y, a veces, imposible: las mujeres y el hombre. El hombre como concepto, el hombre como dador de las leyes, las reglas, la justicia, el poder...

No se nace hombre o mujer, se nace persona. Pero el dominio masculino ha cuestionado durante siglos este precepto y no lo admite como instrucción o regla establecida, de la misma manera que asume como obsequio universal su hegemonía en la creación. Cuesta trabajo adivinar en qué momento de ese oscuro pasado de hace varios millones de años, los homínidos, esa familia de primates catarrinos, a lo largo de toda su evolución, sin duda severa y cruel, se fueron organizando de tal manera que la mujer, esencial en las comunidades anteriores y posteriores al Neandertal, empezó a desempeñar trabajos y ocupaciones que el hombre consideraba impropios para su lugar en el mundo. Porque cualquier análisis sensato que busque una diferencia real, científica incluso (sin caer en la trampa de las distinciones biológicas), entre el hombre y la mujer, sólo nos mostrará que lo único que el hombre posee superior a su compañera de viaje en la historia de la humanidad es la fuerza física. Esa reciedumbre habilitó al macho para el uso de las armas y en ese brío perdió parte de su sensibilidad con respecto de sus semejantes y, como no podía ser de otra manera, del más cercano: su otra.

Admitido el hecho de que la mujer ha sido tratada, durante miles de años, como un ser inferior por su igual masculino, y a sabiendas de que ese pensamiento sigue arraigado en muchas sociedades abiertamente, en otras tantas disimuladamente y mal encubiertas, e, incluso, en la certeza de que en las sociedades más avanzadas y libérrimas se esconde en el juicio individual un acérrimo prejuicio hacia la igualdad, sólo cabe proclamar una asombrosa admiración hacia los logros y conquistas que la mujer, paso a paso, con sangre, con dolor, con una voluntad que el hombre aún no ha tenido oportunidad de probar, ha conseguido.

Pero, y aquí está el problema: si todo lo que vamos a hacer es aplaudir los logros y regocijarnos en el balneario occidental de lo bien que están nuestras mujeres, el sudor, la sangre y el dolor habrán servido de bien poco. Porque no se trata de cuotas ni sectores, de zonas de influencia y países desarrollados, de razas y creencias, de costumbres y tradiciones; se trata de un concepto universal en el que el hombre y la mujer no se diferencian en nada más allá de lo que cada uno es con respecto de la naturaleza de su ser: la absoluta igualdad.

¿Qué es? ¿Racismo? ¿Es ese irracional temor a lo diferente lo que hace que el hombre no admita su similitud con el otro? ¿Es esa especie de enfermedad del inseguro que teme por sí y lo disimula menospreciando, maltratando, castigando, incluso matando, al que no considera equivalente, idéntico? ¿O, sencillamente, es un impulso eléctrico instalado en la memoria que conectamos y desconectamos según nos convenga? Sea como fuere, esta batalla del machismo está perdida. Por una racionalidad esencial: el hombre dominante no se ha parado a pensar, por qué razón lo iba a hacer, en la mujer como especie. ¡No como su hembra! sino como un ser individual, libre para decidir, autónomo. Y es que lo que nos diferencia del resto de seres vivos es nuestra capacidad para ser conscientes del yo y esa capacidad hace que pensemos de igual manera acerca del otro, de nosotros y de las cosas que compartimos: el dolor, el placer, la felicidad, la tristeza, los hijos...

No está en la esencia de toda mujer el deseo de ser madre y un hijo no hace más mujer a la mujer. Pero la capacidad de reproducirnos cómo, cuándo y con quién queremos le da a nuestra descendencia una importancia muy poco común entre el resto de especies. Reconocemos a nuestros vástagos de por vida y albergamos sentimientos hacia ellos que duran toda la existencia y sabemos, por nuestra privilegiada conciencia, a quién pertenecen. Si esas emociones son idénticas para hombre y mujer, ¿por qué dudamos de nuestra igualdad? La mujer, en sí misma, atesora unos valores esenciales para el desarrollo y la subsistencia del mundo tal y como lo conocemos, pero es esa conclusión lo que a veces ha servido de argumento para que el pensamiento del padrote haya encontrado motivos suficientes para recluir a la mujer en un pequeño mundo controlado, con mano dura, por él. Más trampas, más munición. Ergotismos manipulados para seguir discriminando en millones de familias, cientos de países y en toda clase y condición.

Resulta difícil de creer, más aún de asimilar, que en el siglo XXI persista la barbarie talibán, es imposible digerir la ancestral y execrable costumbre de la ablación, es intolerable el comportamiento político hacia la mujer en un gran número de países árabes, resulta vomitivo admitir la compra-venta de niñas para el mercado de la prostitución en algunos estados del sudeste asiático... Así podríamos seguir hasta concluir que la liberación de la mujer se ha producido en muy pocos lugares y no siempre como habría sido deseable. Pero no es éste un recado pesimista, es un reflejo real que sirve para valorar el avance en la lucha por la total igualdad que la mujer española ha conseguido en unos pocos años, aunque fraguado a lo largo de muchas y penosas décadas. Esa lucha debe servir de ejemplo, de guía, de esperanza, a los millones de mujeres que, hoy día, siguen padeciendo los rigores de un pensamiento obsoleto y minúsculo. ¿Qué sería del mundo si fuese la mujer quien ostentase el poder? No parece probable que una mujer presidenta de los Estados Unidos de Norteamérica permaneciese impasible ante el comportamiento de, por un suponer, los líderes talibanes. ¿Mandaría tropas a liberar a las humilladas, reprimidas y maltrechas mujeres afganas? No lo sabemos, pero sí hemos podido comprobar cómo se planean, se organizan y se llevan a cabo acciones de todo tipo para liberar a los pueblos y, a veces, al mundo, de fieras corruptas y políticamente incorrectas como Sadam Hussein. No era un asunto de mujeres sino de petróleo. No se invadió Panamá para salvar a las mujeres de un trato inferior, sino para secuestrar a un narcotraficante que estaba al mando del país, en realidad un agente de la CIA con mucho que contar. No se machaca de vez en cuando a Gadaffi para recordarle que es un machista y que debe tratar bien a sus mujeres, se le bombardea para recordarle quién es el jefe y a quién pertenece el cielo y la tierra. El hombre, diestro en el manejo de herramientas para acabar con sus semejantes, no tiene a la mujer como una prioridad en la mejora de su relación con el entorno, para él cualquier meta que la mujer supera es un escalón que debe bajar... y no le gusta, no le gusta nada.

Se habla mucho del hombre de hoy, «el nuevo hombre» dicen. Se supone que ésta es una variante de la especie a la que no le importa ir al mercado, fregar, lavar la ropa y recoger la mesa, cambiar los pañales al bebé, llevar el carrito de los niños y, a veces, en el colmo de la mutación, cargar a cuestas con ellos o en una especie de bolsas de canguro muy modernas, dispuestas para tal fin. Algunos incluso cocinan los fines de semana, eso sí... ¡los señalados! Toda una metamorfosis kafkiana producida por los nuevos tiempos y muy a pesar del sujeto renovado, porque, como decía antes, el hombre cree que esas labores, que suenan a nada, son, efectivamente, nada; sin dedicar un segundo de su importante existencia a la reflexión necesaria para comprender que todas esas tareas «inútiles», que la mujer hace de forma espontánea, habrían sido una maniota que embargaría sin remedio el desarrollo y el crecimiento del individuo masculino y, junto con él, el de toda la humanidad. Así que el nuevo hombre es el que debiera haber sido siempre, pues no está haciéndole un favor a la mujer, se lo está haciendo a sí mismo. Está devolviendo lo que la actitud femenina le ha dado al crecimiento de la raza humana. ¿Qué habría sido de todos esos grandes e importantes hombres si, además, de pensar, batallar, conquistar, inventar y descubrir, hubieran tenido que lavar, coser, tejer, planchar, fregar, cocinar, estar embarazados, cuidar de los niños y darle gusto a la señora? Y no en pasado, en crudo presente: ¡Seríamos mujeres!

No trato de componer una *boutade*, sólo busco entre los razonamientos que dan las palabras una forma clara de decir que el hombre sin la mujer no habría podido construir el pasado, el presente, ni la idea del futuro. Y es por esa razón por la que la mujer, inconscientemente consciente, lleva décadas buscando su lugar al sol sin el permiso de los hombres, por la simple razón de que tiene tantos o más derechos que el «dador»; sin rendibú, legítimamente.

Hoy la mujer no encuentra en el mundo civilizado, moderno, democrático (salvedades inevitables para situarnos en el límite de lo que es posible), ninguna oposición social, ni legal, menos aún moral, que merme su derecho a ser criada, educada, instruida, tratada y reconocida como un hombre. La salvedad, aunque limita, no excluye, y desde los lugares más favorecidos hay que solidarizarse con los millones de mujeres que no tienen a su alcance ni el más mínimo de los porcentajes humanistas que faciliten su integración al mundo en la forma y derecho que el sentido común propone.

Las buenas noticias están en los datos que un país como el nuestro expone: con una experiencia democrática más bien exigua, la mujer española, y el hombre con ella, moderno o no, nuevo o no, voluntariamente o un poco empujado por el devenir de lo inevitable, han dado un ejemplo al mundo de cómo una sociedad anclada en el pasado, sometida a una tiranía, la de la mujer doblemente perniciosa, y a una cerrazón cultural y, lo que es peor, religiosa, ha sabido encontrar las estradas por las que adentrarse en un mundo de comprensión, colaboración, respeto y ayuda mutua. Juicios indispensables para llevar a cabo y favorecer los cambios que nos lleven a una igualdad sin fisuras ni dudas, a una igualdad celebrada sin hipocresías por los hombres, una armonía que no sea una representación mental de un mundo imaginario.

Un hombre no tiene razón cuando admite equivocarse frente a una mujer, la tiene cuando discierne que su incapacidad para asumir los cambios es asunto de ignorancia y/o prejuicio. Esa obcecación ha paralizado el crecimiento, el progreso, durante siglos y aún, lamentablemente, lo sigue haciendo en muchos estados y en el más cercano seno de algunas clases y familias. No recordar en este momento a las mujeres que mueren a manos de sus compañeros, casi siempre por asuntos estúpidos, insignificantes, que una saludable educación habría evitado, sería un silencio tan cómplice como despreciable. Ésa es la triste paradoja: la mujer española, a la cabeza de las mujeres europeas en auge y alcanzada una madurez social y mental sin parangón en nuestro Estado, contempla aterrorizada cómo algunas conciudadanas caen a su alrededor a manos de unos individuos que sus actos les apartan de la condición humana y cuya redención sólo es posible cuando en el fondo de lo más oscuro de sus estrechas mentes algunos hombres dejen de pensar que la mujer es una propiedad privada y acotada.

Sólo el día en el que la mujer no tenga que luchar por su libertad, su igualdad y su independencia, el ser humano habrá abandonado definitivamente la caverna.

El cambio: un asunto de hombres y mujeres

José Luis Rodríguez Zapatero

Siempre es difícil para los hombres hablar de las mujeres. Ellas han sido nuestras compañeras, nuestras cuidadoras, nuestras enfermeras, nuestras maestras. Nos han dado lo mejor que un ser humano puede dar a otro, el cuidado. Sin embargo, cuando queremos hablar de ellas, y no de nosotros en relación con ellas, no sabemos decir gran cosa.

Nos acostumbramos a ese reparto social de roles, en el que los hombres nos dedicamos a lo público, a trabajar fuera de casa, a la política, a la actividad social, mientras las mujeres quedaban en casa, cuidando lo que era nuestro espacio; nuestros hijos e hijas y de ellas mismas, como parte también de nuestra propiedad. Éramos los cabeza de familia, los jefes del hogar.

Y por supuesto nos acostumbramos a que se ocuparan de nuestras necesidades emocionales y afectivas, de las nuestras y de las del resto de la familia, pero nosotros nunca pensamos ¿qué necesitan ellas? Los hombres sólo hemos empezado a preguntarnos sobre lo que les pasa a las mujeres cuando se han rebelado ante su situación, cuando nos han dejado solos o nos han amenazado con hacerlo. Por eso es tan difícil entenderlas, hablar con ellas, porque muchas veces cuando lo intentamos ya es demasiado tarde.

No obstante, hombres y mujeres debemos construir un mundo en común, un mundo del que formen parte la igualdad y la justicia, un mundo que cuente con todas las capacidades, donde convivan todas las perspectivas, un mundo sin violencia, sin discriminación y sin miedo a la igualdad.

El cambio producido en y por las mujeres durante el siglo XX continuará de forma imparable en el XXI. Su incorporación al mundo del empleo, a la actividad política, su mayor presencia en la sociedad, su necesidad de conciliar la vida familiar y laboral y su cambio personal reflejado en la percepción que tienen sobre sí mismas y sobre su entorno hace que los hombres tengamos que cuestionar ese rol tradicional buscando modelos que nos permitan convivir con ellas y que ayuden a avanzar hacia esa sociedad de igualdad deseable para todas y todos. Sólo así podremos ser más felices.

Nuestro compromiso con la igualdad como varones tiene diversas motivaciones, la más obvia es lo justo de la propuesta, lo que significa para el avance de nuestra democracia, pero no menos importante es que semejante compromiso nos permitirá a los varones revisar muchos de nuestro modelos y referencias más intimas, cambiar nuestra forma de relacionarnos no sólo con las mujeres como compañeras en la pareja, sino también con nuestros hijos e hijas, y con nuestro entorno, y por supuesto entre nosotros mismos.

Muchos hombres han tomado la actitud de oponerse al cambio de las mujeres, rechazarlo, pretender mantener el antiguo reparto de funciones, incluso con violencia. Otros prefieren ignorar el cambio como si no les concerniera. Para éstos las mujeres pueden hacer lo que quieran siempre y cuando su forma de vida no se vea alterada; pueden trabajar o salir solas al cine, mientras estén en casa cuando ellos lleguen, se ocupen de las tareas domésticas y de los niños, etc. Estas dos posturas no son ni justas ni solidarias, ni siquiera positivas para los hombres. Mi propuesta es que los hombres busquemos la implicación en ese cambio, y con ello apoyemos a las mujeres en su vida profesional y política y en la conquista de su libertad individual, sólo de esta forma nosotros podremos beneficiarnos de tener compañeras, amigas, madres, hijas y hermanas realmente felices, con las que podremos compartir mayores niveles de intimidad y relaciones más sinceras y enriquecedoras, y por supuesto podremos disfrutar más y mejor de nuestra paternidad y de la relación con nuestra prole.

No es una tarea fácil, es verdad que los hombres perdemos privilegios seculares en este camino hacia la igualdad. Pero ¿queremos privilegios que están basados en la falta de libertad de otras personas, y que además limitan nuestra capacidad de expresar y vivir nuestro mundo emocional y afectivo, y por lo tanto también nuestras relaciones con los y las demás?

Habría que empezar por entender qué están cambiando las mujeres y en qué debemos cambiar los hombres en este contexto. No estoy sugiriendo que hayamos de cambiar en relación con ellas, sino cambiar nosotros mismos y por ende nuestras antiguas percepciones. La responsabilidad a este respecto es exclusivamente nuestra.

Para iniciar la reflexión sobre el binomio cambio y mujer podríamos empezar por la emancipación de las mujeres en este siglo XX, que ha conllevado un cambio social de enormes proporciones con repercusiones económicas, políticas y culturales que sin lugar a dudas han afectado a la vida cotidiana provocando transformaciones individuales de enorme trascendencia.

El feminismo ha sido un elemento fundamental como movimiento impulsor y aglutinador de voluntades para el avance de las mujeres. Luchó por su derecho al voto y sigue haciéndolo a favor de la democracia paritaria. Lucha contra la violencia de género, por la igualdad en el empleo y por la mejora de la vida de las mujeres en países menos desarrollados. El feminismo ha afectado a la vida del conjunto de las mujeres, ayudándolas a hacerse conscientes de su condición y dándoles argumentos para su liberación, y de esta forma afectando también a la vida de los hombres. Sin el feminismo nunca se hubieran producido estas líneas.

Las mujeres durante este siglo han aprovechado las posibilidades del espacio abierto en el sistema educativo para entrar en él y hacerse mayoría. Van empujando en el mercado de trabajo para acceder al empleo, han irrumpido en la vida política, entonces por el derecho al voto, y ahora por ir ganando espacios en la toma de decisiones hasta llegar a reivindicar la democracia paritaria como escenario de igualdad. Las mujeres pelean en esas esferas pero también cada día en la familia, en las relaciones de pareja, en su entorno amistoso y vecinal, en definitiva, en su vida cotidiana, porque en todos estos ámbitos pervive la discriminación.

Esta nueva relevancia de las mujeres ha generado contradicciones en el modelo social dominante, y ha provocado cambios importantes. Su acceso masivo a la formación y al empleo nos plantea la necesidad de convivir y de educar en igualdad a niños y niñas. Además de por justo porque nuestra sociedad y nuestro modelo económico necesita incorporarlas a la actividad productiva. No podemos permitir la discriminación existente en el acceso al empleo, en la promoción profesional, la desigualdad salarial, y la que todavía encontramos en el mercado de trabajo. Esto lo tiene claro no sólo el Fondo de Población de Naciones Unidas, también la Unión Europea, que plantea como una de sus prioridades para el desarrollo económico de los países de la Unión la igualdad real entre hombres y mujeres. La desigualdad, además de injusta, es antieconómica según todas las teorías más avanzadas.

La incorporación de las mujeres a la vida pública, vinculada al desarrollo y avance de la democracia política nos plantea la necesidad de apoyar su participación en igualdad, de ahí la necesaria democracia paritaria, que el partido socialista incorporó como parte de su quehacer político; pero no podemos quedarnos en eso, los hombres debemos facilitar la participación de las mujeres evitando la tendencia a trabajar exclusivamente entre nosotros porque «entre hombres nos entendemos mejor». Es imprescindible que apoyemos nuevas formas y creemos nuevos espacios que permitan la participación realmente equilibrada.

La política, hasta ahora, es un espacio tradicionalmente masculino, pero que necesita de todas las capacidades, de todas las aportaciones y propuestas. Las mujeres tienen muchas cosas que decir en todos los espacios públicos, no sólo en los que estamos muchas veces acostumbrados a verlas, el espacio social. No podemos convertir la política en un lugar donde se repita la diferencia de roles.

Debemos apoyar la presencia igualitaria de hombres y mujeres en la toma de decisiones, en los más altos espacios de la vida política, social y económica, y aunque algunos piensen que en eso los hombres perdemos poder, yo quiero señalar que el reparto del poder es parte consustancial a la democracia.

El derecho al voto fue el primer eslabón hacia la ciudadanía política de las mujeres. En este año se conmemora su 70 aniversario, una conquista que se vio truncada con la dictadura, pero que fue fundamental para la historia de este país. Igualmente fundamental será la plena, verdadera y efectiva integración de las mujeres a todos y cada uno de los estamentos políticos de la democracia.

Es innegable que la incorporación de las mujeres al empleo y a la vida pública ha roto la tradicional división de funciones y ha generado conflictos en el entorno de la familia, sobre todo porque las mujeres han seguido ocupándose solas de las tareas domésticas, manteniendo una agotadora «doble jornada». Se hace por lo tanto imprescindible la corresponsabilidad de las tareas domésticas y responsabilidades familiares entre hombres y mujeres.

Si bien es cierto que el desarrollo del estado del bienestar ha sido un elemento clave para que las mujeres trabajen fuera de la casa, al asumir el Estado una parte de la atención y el cuidado de la infancia, la tercera edad y de personas enfermas y con discapacidades, no es menos verdad que la intervención del Estado ni es suficiente ni deseable al cien por cien si sirve para que los hombres declinen sus responsabilidades. Los varones debemos ocuparnos también de las tareas domésticas y de las responsabilidades familiares. Debemos aprender a convivir compartiendo.

Mirando hacia adelante, el siglo XXI se nos muestra de momento como el siglo de la globalización económica, social, cultural y política, de las nuevas tecnologías de la información y la comunicación, de la movilidad de las personas y de sus culturas, del encuentro de costumbres y formas de vida, de los grandes avances científicos y técnicos. Frente a esto, también vemos avanzar integrismos y fundamentalismos, empeñados en afianzar identidades a costa de los derechos de las mujeres.

Asimismo, la globalización está permitiendo la difusión y la comunicación entre las personas en todo el mundo, y con ello el intercambio de ideas, experiencias y propuestas, y en este contexto creo que están ganando las ideas liberadoras, las que defienden la justicia y la igualdad. Los movimientos de mujeres y los de hombres que defienden un nuevo modelo de sociedad tienen su mejor canal de expresión en Internet.

Las nuevas tecnologías pueden apoyar el avance de las mujeres, no sólo en la defensa de sus derechos, también como forma de participar en la sociedad, de trabajar, de influir en la economía, o simplemente de comunicarse con su entorno.

Debemos por lo tanto trabajar en la línea de fortalecer la presencia de las mujeres en las decisiones internacionales, tanto en las económicas como en las políticas, y hacer que la igualdad de oportunidades forme parte de la agenda política internacional.

Porque no todo han sido avances, es necesario seguir impulsando la igualdad puesto que todavía vivimos en una sociedad desigual, prueba de ello es que si bien las mujeres son el 50 % de la población, en nuestro país, por ejemplo, sólo el 40 % de ellas forman parte de la población activa, son, además, el 60 % de los parados y el 70 % de quienes buscan su primer empleo.

Constituyen el 80 % de las personas que tienen un contrato a tiempo parcial, y tienen un salario que representa el 70 % del salario masculino. Además cobran pensiones más bajas, porque han cotizado, que no trabajado, menos.

Las mujeres ocupan menos puestos de responsabilidad política que los hombres; por ejemplo, representan el 28% en el Congreso de los Diputados, el 24 % en el Senado, el 32 % en los parlamentos autonómicos, el 25 % en los gobiernos locales, el 16 % en los gobiernos autonómicos y el 18,75 % en el Gobierno de la Nación.

Y lo más escalofriante es que según los datos de la Encuesta sobre maltrato en España, elaborada por el Instituto de la Mujer, en el año 1999, el 4,2 % de las mujeres españolas mayores de edad declararon haber sido víctimas de malos tratos durante el último año, lo que representa un total de 640.000. Además, el 12,4 % de las españolas mayores de edad han sido consideradas —desde el punto de vista técnico— víctimas de algún tipo de maltrato, aunque ellas no lo hayan reconocido explícitamente como tal. Este porcentaje indica que 1.865.000 mujeres, aproximadamente, se encuentran en esta situación de debilidad y sufrimiento terribles.

También según datos del Ministerio del Interior y del Instituto de la Mujer, el número total de denuncias por malos tratos, durante el año 2000, es de 30.202. El 75 % de estas denuncias, es decir, 22.385, se refieren a agresiones producidas por cónyuges o ex cónyuges. Este porcentaje ha aumentado con respecto al año anterior en un 2,7 %, en el que se registraron 21.778.

Respecto a las mujeres que han muerto víctimas de la violencia de género, 66 murieron en el año 2000, y han sido 31 las contabilizadas hasta finales de mayo del 2001.

Llegados a este punto quiero indicar que quienes estamos en política tenemos la obligación de dar respuestas para hacer mejor la vida de la gente y construir una sociedad más igual y más justa, y yo, a pesar de que muchos crean que nada podemos hacer, pienso que está en nuestras manos conseguirlo. Los cambios no surgen por casualidad, los producimos las personas. Las mujeres aceptaron hace tiempo su responsabilidad. Los hombres tendremos que aceptar la nuestra.

Vivimos un momento lleno de incertidumbres. Una de ellas es ese nuevo modelo de relación entre hombres y mujeres que ya se vislumbra, pero que tenemos el reto de concretar y consolidar durante el transcurrir de este siglo que comienza. Un modelo que supone que hombres y mujeres avanzamos hacia una confluencia entre los géneros. Personas con capacidades diversas, hasta ahora asignadas a uno u otro sexo, y con oportunidades iguales. Los hombres podemos desarrollar nuestro mundo emocional y afectivo, porque nadie es incapaz de aprender a cuidar a otros u ocuparse de las tareas domésticas. Las mujeres ya han demostrado que las personas podemos planchar, cocinar o atender a una criatura, aunque tengamos un empleo, esté o no cualificado, o nos dediquemos a la actividad política. Una cosa no incapacita para la otra.

¿Qué debemos hacer desde la política para trabajar por la igualdad entre los dos sexos, para apoyar el avance de las mujeres y para implicar en él a los varones?

Compartir la familia, el trabajo y el poder debe ser la premisa del trabajo y del esfuerzo de hombres y mujeres en ese camino hacia la igualdad.

Como decía al principio, nos hemos acostumbrado a que las mujeres se ocupen del cuidado de la infancia, la tercera edad y las personas con algún tipo de dependencia, lo que se ha visto reforzado por la legislación vigente. Nuestra actual Ley de Conciliación de la Vida Familiar y Laboral permite un permiso por maternidad de hasta 16 semanas para la atención a hijos o hijas recién nacidos. Las seis iniciales son obligatoriamente de disfrute para la madre, pero respecto a las diez restantes, el padre puede disponer de todas o algunas. Esto es así, sólo en el caso de que la madre trabaje y esté de acuerdo; es decir, el derecho es un derecho por maternidad, el derecho del padre lo es en cuanto derivado de la cesión que del mismo haga la madre. De esta forma nuestra legislación refuerza el concepto de que los hijos y las hijas son cosa de las mujeres.

Los y las socialistas pensamos que es necesario aumentar los permisos y excedencias por paternidad en la ley, tal como se refleja en nuestro programa electoral, y por supuesto desarrollar medidas de sensibilización para que los varones disfruten de este tipo de permisos. De no ser así la maternidad seguirá siendo un obstáculo para la vida profesional de las mujeres, cuando hemos de reconocer que la natalidad y el hecho de la maternidad/paternidad no sólo es importante para las mujeres, también lo es para los hombres, y en todo caso es importante para la sociedad, por lo que debe ser apoyada desde la empresa y los poderes públicos.

La incorporación de excedencias, permisos y reducción de horarios laborales de trabajadores y trabajadoras para dedicación a la atención familiar es un aspecto en el que tenemos que seguir incidiendo, y su debate debemos incorporarlo a nuestras reflexiones junto con organizaciones sindicales y empresariales.

Y por supuesto necesitamos un número mayor de servicios de atención a la infancia y a la tercera edad. España no puede seguir siendo el país que menos niños y niñas de 0 a 3 años atiende en centros públicos, o el que cuenta con menos servicios de atención domiciliaria a ancianos y ancianas, y todo ello, hasta la actualidad, a costa de la vida de las mujeres, de su baja tasa de actividad y su alta tasa de desempleo.

Pero además es necesario que trabajemos en la modificación de modelos de hombres y mujeres y en la creación de otros nuevos alejados de los tradicionales. Los niños y adolescentes necesitan de modelos diferentes acerca de la masculinidad, y para esto tendremos que incorporar elementos en la educación que refuercen comportamientos de los varones que no sean tradicionales, y que se visualicen en proyectos que promuevan una imagen diferente de los hombres en los medios de comunicación, porque nos hemos acostumbrado demasiado a encontrar en las películas hombres agresivos que resuelven sus conflictos y consiguen lo que quieren mediante la utilización de la violencia.

Se trata de conquistar cambios estructurales, porque sabemos que no sólo con el hecho de conceder unas semanas de permiso por paternidad se resuelve la construcción de un modelo igualitario. Éste es un elemento más, que contribuirá a hacerlo posible, pero en todo caso tenemos que tener muy en cuenta la educación y los valores que como sociedad queremos aportar a nuestros jóvenes.

Otra cuestión sobre la que debemos intervenir como varones desde la política es promover la democracia paritaria, pero no sólo en cuanto a garantizar un porcentaje igual de hombres y mujeres sino además valorando las aportaciones de las mujeres y estableciendo criterios en la política que faciliten también compatibilizar ésta con nuestra vida familiar y personal. Los hombres estamos demasiado acostumbrados a no dar importancia al hecho de que la actividad política se desarrolle a cualquier hora, o que las conversaciones y las reuniones se prolonguen el tiempo que lo requieran, e incluso un poco más, y esto lo hacemos porque si tenemos familia siempre hay otra persona que se ocupa de ella. Es por lo tanto imprescindible abrir un debate sobre los tiempos de la política, como una actividad que debe ser compatible con las vidas personales de quienes están en ella, seamos hombres o mujeres.

Las personas, cuando estamos realizando alguna actividad que implica responsabilidad, tendemos a rodearnos de nuestros iguales. Esto dificulta la incorporación a puestos de responsabilidad en la política, o en la empresa, de aquellos colectivos que no estaban previamente. Tenemos que ser conscientes y poner fin a estas dinámicas que finalmente, y muchas veces inconscientemente, generan desigualdad.

Por último quería referirme a un tema que me preocupa especialmente en los últimos tiempos, la violencia de género, la violencia que contra las mujeres se ejerce en el trabajo, mediante el acoso sexual, en la vida social, como agresión sexual, o en la familia, lo que conocemos como violencia doméstica. Lo podríamos calificar como la máxima expresión del desequilibrio de poder entre hombres y mujeres y de la pervivencia del machismo en nuestra sociedad.

Esta violencia la ejercen hombres como una forma de entender el prototipo de masculinidad vinculado al ejercicio de la misma. Abundando en este argumento, y en concreto respecto a la violencia doméstica, me llamó recientemente la atención una conversación que mantuve con una persona que estaba realizado un estudio con varones que habían agredido a su mujer. «Ellos no tienen ninguna conciencia de que hayan cometido un delito, porque han pegado, e incluso matado, a una mujer a la que consideraban de su propiedad.»

Para poner fin a esta violencia de género es necesario y fundamental acabar con la desigualdad y por supuesto es imprescindible modificar el modelo, desterrar viejos conceptos como la propiedad respecto a la familia o el de jefe de familia, y por supuesto aquello de vincular la masculinidad con el ejercicio de la violencia o con el derecho a ejercerla. Esto sólo lo podemos hacer los varones, y es un cambio en el que debemos comprometernos nosotros.

No vale con decir esto es un problema de mujeres, que se ocupen las responsables de las políticas de atención a las mujeres o de los servicios sociales, y acostumbrarse a las periódicas demandas de las organizaciones feministas. El problema es más global y requiere respuestas integrales y estructurales, y la intervención de múltiples agentes, desde el mundo educativo, hasta la sanidad, las fuerzas de seguridad, la justicia y por supuesto los servicios sociales y de atención a las mujeres; pero también requiere del compromiso y participación de los varones para hacer llegar a nuestra sociedad el mensaje de que «ser varón no puede ser lo mismo que ser violento».

He tenido información de que en diversos países de Europa y América existen grupos de hombres que se están posicionando y apoyando a las mujeres en su lucha contra la violencia a través de la Campaña del Lazo Blanco, como símbolo de su compromiso. Creo que iniciativas de este tipo son imprescindibles, porque quienes maltratan a las mujeres no pueden pensarse libres de la repulsa social y colectiva.

Debemos sumarnos a estas iniciativas y apoyarlas, y trabajar en todas nuestras intervenciones contra las actitudes violentas, promoviendo estrategias dirigidas a concienciar a la sociedad, pero sobre todo a los varones, de que es necesario:

- Condenar la violencia de cualquier tipo que se ejerza contra las mujeres, y hacerlo públicamente.

- Eliminar el concepto de que la violencia es una vía válida para resolver conflictos con las mujeres, reivindicando el pacto y el consenso como forma de entenderse y convivir.
- Trabajar por eliminar la desigualdad, entendiendo que como hombres no tenemos la propiedad de las mujeres ni de los niños, y por supuesto no tenemos derecho alguno sobre su integridad física o psicológica.
- La familia debe ser un lugar de apoyo emocional, un espacio de libertad y convivencia democrática, nunca una cárcel o un lugar de sufrimiento para mujeres y criaturas.

Para conseguir esto tendremos que trabajar también con los varones, como antes señalaba, en estrategias de concienciación y prevención de la violencia.

Para volver a mi reflexión del inicio, y a modo de conclusión, me gustaría finalizar estas líneas con la idea de que para poner fin a estas situaciones de discriminación y desigualdad que son injustas para las mujeres y que tampoco hacen felices a los hombres tenemos que trabajar juntos por un nuevo contrato social que tenga como premisa la igualdad y que nos ayude a todos a ser simplemente más humanos, estableciendo las pautas para «compartir la familia, compartir el trabajo y compartir el poder». Sin miedo a la igualdad.

La larga marcha hacia la igualdad

Miguel Ángel Sacaluga Luengo

Confieso que hasta hace bien poco el debate sobre la igualdad de sexos no me había interesado especialmente. Mis preocupaciones se dirigían más hacia reflexiones generales sobre las políticas contra la desigualdad social y la exclusión y las relativas al reforzamiento del sistema de libertades y de participación de los ciudadanos en las decisiones del país. Conceptos como libertad, diálogo, tolerancia, redistribución de la renta, igualdad de oportunidades y acceso a una educación y a una asistencia sanitaria suficientes... en definitiva, a una vida digna, sea cual sea el origen de cuna.

Pensaba —erróneamente— que el debate sobre el papel de la mujer en una sociedad moderna, reivindicado por los movimientos feministas, aunque importante, no merecería una construcción aparte, sino que debía incluirse en la respuesta global.

La discusión entre el hombre y la mujer es mayor cuanto más pobre es un país, cuando las diferencias de renta son mayores y el sistema político que lo dirige es más corrupto y antidemocrático. La discriminación de la mujer es directamente proporcional a los niveles de renta de una sociedad. No puede construirse un país verdaderamente democrático sobre la base de la desigualdad de géneros. La desigualdad basada en el sexo es también una enfermedad en algunos países de los llamados de «democracia avanzada» y un claro síntoma de fallo grave del sistema de funcionamiento y control de los poderes públicos. Los países donde el papel de la mujer es más igualitario con los hombres son los más avanzados del planeta.

El mayor ejemplo de desigualdad en el mundo es la existencia entre la mitad de la humanidad, los hombres, y la otra mitad, las mujeres, ya se trate del mundo desarrollado o del tercer mundo. Las diferencias pueden ser extremas y sangrantes —como es el caso de Afganistán y otros muchos países subdesarrollados de los que apenas tenemos noticias— o atenuadas y menos impactantes —como ocurre en el mundo occidental—, pero no por ello menos graves. La diferencia de sueldos, de presencia femenina en las instancias superiores o medias de poder —sea del tipo que sea— o, incluso, el distinto reconocimiento legal de derechos civiles o económicos dependiendo del sexo adquieren toda su gravedad en un mundo que se dice democrático, moderno y avanzado. Acabar con esa injusticia es una de las primeras soluciones que los ciudadanos y los periodistas, como representantes de su conciencia crítica, debemos exigir a las autoridades.

Mi «despertar» a esta realidad se produjo, precisamente, por razones profesionales. En el verano de 1996 fui trasladado como corresponsal de TVE a París. Mi aterrizaje en la capital francesa coincidió con un profundo e intenso debate —como casi todos los que se producen en ese país— sobre la paridad de sexos en política, cuyos protagonistas no eran sólo políticos, también participaban juristas, filósofos y ciudadanos de a pie.

Especialmente ilustrativa fue la discusión en el seno de los grupos y personalidades pertenecientes al movimiento feminista. Se pasó revista a la propia esencia de la República y a sus principios y valores nacidos de la Revolución Francesa, y se ahondó en el análisis y definición de la noción de igualdad como un elemento imprescindible en democracia, así como en la idea de justicia. Reflexiones de carácter no sólo político y doctrinal, también filosófico e incluso biológico, se publicaron en casi todas las revistas y periódicos del país. Sus autores fueron repetidamente entrevistados en radio y televisión.

Fue un debate de altura. Concepciones sensatas y asentadas en principio de arraigo en el país del racionalismo. Había de partida un punto común en el que casi todos coincidían: Francia ocupaba el lugar del «farolillo rojo» en Europa en relación con la presencia femenina en las instituciones de poder político, exceptuando quizás las corporaciones municipales, posiblemente porque se tenía la idea, no sin fundamento, de que no eran verdaderos lugares de poder. Aun así, su participación se relegaba a competencias sobre asuntos sociales o temas de infancia. En todo caso alejadas de los dominios tradicionales de poder real existentes en áreas como presupuestos, hacienda o urbanismo.

Muchas podían ser las causas que podrían explicar este retraso. De un lado, razones históricas, como el peso de la tradición del derecho romano, la influencia de la ley salida y la Revolución Francesa, así como el código napoleónico. Pero también razones étnicas, como el concepto de superioridad masculina heredado de los países mediterráneos.

A todo ello habría que sumar la llegada tardía de la mujer a la cita sufragista de finales del siglo XIX. Francia sólo concedió el derecho al voto femenino tras la Segunda Guerra Mundial. Y quizás añadir un fenómeno muy francés, la presencia y poder de la mujer en la esfera privada pero con influencia en lo público.

En los términos en que fue planteado este debate se cuestionaron abiertamente las ideas de Simone de Beauvoir, la que fuera, quizás, la feminista francesa con más influencia real y arraigo en el movimiento por la igualdad de la mujer en este país. Hasta entonces la mayoría de las feministas francesas mantenían, siguiendo a la compañera de Sartre, que la lucha contra la discriminación entre el hombre y la mujer y cualquiera otra que pudiera plantearse sólo era posible a través de la acción revolucionaria.

Estos planteamientos habían subsistido en los años posteriores al mayo del 68. Entonces la prioridad de la mujer no era el acceso al poder en las mismas condiciones que los hombres. Había que luchar de manera urgente por la conquista de otros derechos fuera del ámbito estrictamente político, como eran el de la anticoncepción y el aborto. Para algunas teóricas del feminismo, en su versión más moderna, si el poder político no fue entonces objetivo del feminismo, en su versión más moderna, pero sí una forma de protesta contra el orden establecido, en donde lo masculino lo dominaba todo. Unas ideas que en los casos más radicales llegaron a menospreciar la democracia en sí tal y como estaba concebida.

La caída del muro de Berlín trajo consigo, según las tesis del feminismo moderno, una cierta rehabilitación de la idea de la democracia, pero también el convencimiento de que era necesaria asentarla sobre nuevos criterios y principios. Los ciudadanos volvieron a interesarse por la política y se produjo una auténtica revisión de cuál debía ser el papel de la mujer en todo este nuevo proceso.

La vieja idea de igualdad de sexos identificando a los hombres y a las mujeres iba poco a poco perdiendo peso. Frente a la postura indeferencista, triunfaba la que reivindica la diferencia entre el hombre y la mujer como punto de partida hacia una nueva concepción del feminismo que tiene como respuesta política inmediata el principio de paridad. Pero este principio no era ni mucho menos aceptado por todo el mundo, ni incluso, como hemos visto, dentro de las filas del feminismo francés más implantado y reivindicativo.

Algunos abogaron por hacer realidad la presencia femenina en la vida política a través de métodos impositivos, es decir, introduciendo la paridad ya sea en las normas básicas del Estado —mediante una reforma constitucional— o aprobando en el Parlamento determinadas leyes que obligaran a la presencia de mujeres en las candidaturas de partidos políticos a través de un sistema de cuotas o paritario.

Desde otros ángulos se apuntaban fórmulas menos coercitivas consistentes en campañas de mentalización para ir cambiando la realidad de las cosas. Una evolución que llevaría, según los defensores de esta línea de actuación, a situaciones próximas a la paridad, como ocurría en los países nórdicos.

Finalmente se pusieron sobre la mesa otras opciones legales, cuya aplicación, sin necesidad de imposiciones, significaría una manera de avanzar, aunque fuera de forma indirecta, hacia el reforzamiento de la presencia femenina en la vida pública. En esa línea se podrían citar las propuestas dirigidas a implantar el sistema proporcional de escrutinio a través de listas —tan sólo vigente para los comicios municipales y regionales—, o destinadas a prohibir la acumulación de mandatos y permanencia en el cargo, o tendentes a persuadir, a través de incitaciones financieras, a las formaciones políticas que avanzaran en el mayor equilibrio hombre-mujer en las candidaturas a las asambleas políticas.

Todas estas propuestas fueron analizadas y debatidas en profundidad no sólo por la clase política, también por la sociedad francesa en su conjunto. Un debate que sirvió para desperezar a algunas de las adormiladas mentes de la política que, refugiándose en la lucha partidista de corto vuelo, habían olvidado reflexionar sobre los verdaderos temas que hacen evolucionar la democracia y profundizar en sus objetivos de libertad e igualdad.

En el caso francés, sin embargo, este debate no era nuevo. Fue una francesa en el siglo XIX quien primero planteó la idea de paridad en política. Se llamaba Hubertine Auclert. En 1880, en una carta dirigida al prefecto, exigía como condición para pagar impuestos el derecho de voto. Pero la irreductible gala fue más allá y pidió a la autoridad que las asambleas estuvieran compuestas por tantos hombres como mujeres.

No obstante, los defensores de la paridad en Francia no han tenido hasta hace bien poco un peso real. Las teorías igualitaristas, mucho más próximas a simple vista de los principios de los revolucionarios franceses y sus postulados jacobinos, han encontrado una mayor audiencia en este país. Quizás por la influencia que ha tenido y todavía tiene en el movimiento feminista galo Simone de Beauvoir, contraria a cualquier concepción diferenciadora de los sexos y defensora feroz de la igualdad entre hombres y mujeres.

La idea de la paridad llegó a la Europa comunitaria de la mano de la política de cuotas. En Francia la primera tentativa de introducir el sistema de cuotas en las listas electorales fue en las municipales de 1982. Algunos pretendieron imponer por ley la obligación de incluir un 25% de mujeres en cada candidatura. El asunto terminó en manos del Consejo Constitucional, quien consideró que la Ley Fundamental se oponía a «toda división por categorías de los electores o de los elegibles». Una nueva derrota de las feministas, que sacaron una lección del proceso: la paridad sólo sería posible si se llevaba aparejada una reforma constitucional, y se pusieron manos a la obra. Entretanto surgieron algunas posiciones intermedias que mantenían que, si la Constitución era un obstáculo para la paridad, el texto fundamental no prohibía introducir por ley privilegios económicos a aquellos partidos que voluntariamente incluyeron mecanismos que facilitaran el acceso de la mujer a sus candidaturas.

A nivel europeo, ya en 1992 había habido un primer y serio intento de defensa institucional de los principios de la paridad política en la firma de la Carta de Atenas, ratificada posteriormente en el 1996 con la Carta de Roma, donde los firmantes se comprometían a promover la participación igual de hombres y mujeres en los puestos de poder, de influencia y de decisión en todas las esferas de la sociedad.

A comienzos de los noventa, se alzaron muchas voces, incluidas las de viejas luchadoras del feminismo, contra esa nueva visión de la igualdad de derechos. Se criticó el diferencialismo implícito en la idea de paridad. Además, en Francia, abandonar el universalismo a favor de la diferencia de sexos y la consiguiente formulación de la paridad como principio de derecho implicaba, de alguna manera, renunciar a la igualdad ciudadana proclamada por la Revolución.

Pero la idea ya había comenzado a calar en la sociedad. Al año siguiente 577 artistas e intelectuales publicaron en

Le Monde el «Manifiesto de los 577 por una democracia paritaria», en donde denunciaban que en 1993 las diputadas y senadoras en el Parlamento francés eran aún menos que medio siglo antes, cuando se concedió el derecho a voto y a la elegibilidad de la mujer. En 1994 asociaciones feministas se reagrupaban bajo la etiqueta «Mañana la paridad». El feminismo francés había cambiado de rumbo.

En la práctica real tan sólo hubo tímidos intentos. En las elecciones europeas de 1994 Michel Rocard —entonces primer secretario de los socialistas franceses— y Jean Pierre Chevenement —con su Movimiento por los Ciudadanos de carácter republicano-radical de izquierdas, escindido del PSF— comparecieron ante el electorado encabezando listas con un 50 % de presencia femenina que, por cierto, obtuvieron un escaso éxito electoral. A la lista de Rocard se la calificó, entonces, en tono de burla, como «Chabadabadá».

Rocard apostó fuerte y abogó públicamente por la introducción de la paridad en los estatutos del partido y por la modificación del sistema de escrutinio en las legislativas y cantonales regidas por el principio mayoritario. Rocard llegó sin éxito a proponer, para asegurar la paridad —no sólo en las candidaturas sino también en los cargos electos—, la votación por separado en urnas distintas y papeletas diferenciadas de las candidaturas de hombres y mujeres. Para ello se tendría que dividir en dos todas y cada una de las circunscripciones electorales, dar dos papeletas de voto a cada elector y hacer obligatoria en cada circunscripción la elección de dos candidatos uno mujer y otro hombre.

Pero el debate estaba ya sobre la mesa. En las presidenciales ni el candidato de la derecha, el neogaulista Jacques Chirac, ni el de la izquierda, el socialista Lionel Jospin, osaron concurrir a los comicios sin abrazar una cierta idea de paridad. El propio Chirac en su programa incluía la creación de un observatorio sobre la paridad encargado de analizar la situación de la mujer francesa en la esfera política, profesional, privada y en el ámbito internacional.

Fue en ese período en el que comenzó a fraguarse el «Manifiesto de las diez». La idea surgió de una manera espontánea. A finales de 1995, un grupo de mujeres, de las pocas que en esos momentos ostentaban o habían ostentado cargos públicos de peso real, se reunieron en una cafetería parisina para comentar el programa televisivo «Polémiques», dedicado a las mujeres en política, donde acababan de participar. Entre ellas había quienes militaban en la izquierda y quienes lo hacían en la derecha, pero todas tenían un denominador común: eran mujeres que se habían enfrentado con hombres en sus propios partidos y se habían confrontado electoralmente a hombres de otras candidaturas. Conocían, por tanto, el sufragio universal y habían en algún momento ganado la partida.

Aun así, lejos de la autocomplacencia, se consideraban a pesar de todo víctimas escandalizadas, aunque no abatidas ni resignadas, de la guerra de sexos que se vivía en el seno de los partidos políticos y que alcanzaba a la mayoría de los aparatos políticos.

De esa reunión en torno a una copa surgió un movimiento que terminaría nada menos que por conseguir la reforma de la Constitución francesa y dar carta de naturaleza a una revolucionaria forma de entender la igualdad de derechos entre el hombre y la mujer. A partir de entonces, cada primer lunes de mes, se reencontraban en un restaurante de la capital parisina con la intención de consolidar un núcleo duro encargado de captar nuevas adeptas —con los mismos requisitos que ellas mismas poseían— y de redactar en un breve lazo un manifiesto que reivindicase la paridad política en Francia.

Dos de las mujeres que han alcanzado en Francia los más altos niveles de la política, como Edith Cresson —que fue Primer Ministro y varias veces ministra— y Simone Veil —ex presidenta del Parlamento Europeo y, como ministra de Asuntos Sociales, autora de la ley del aborto— se unieron rápidamente a esta iniciativa. En menos de seis meses ese «núcleo duro» formado por diez mujeres lanzó su manifiesto desde las páginas del semanario *L'Express*. Fue, de hecho, el pistoletazo de salida de un gran debate nacional sobre el papel de la mujer en política, algo que hasta ese momento había quedado restringido a niveles teóricos y doctrinales.

¿Qué decía ese manifiesto? Apostaba decididamente por la paridad en la política, por «una igualdad de oportunidades y derechos entre los hombres y las mujeres. Una igualdad efectiva, más allá de las promesas de circunstancias, electorales o no». Las suscribientes se quejaban de la incapacidad del sistema político francés para aceptar verdaderamente a las mujeres, de la indiferencia, cuando no desprecio u hostilidad, de aquellos que no asumían realmente ver a la mujer participando en la responsabilidad de la dirección de los asuntos del país.

Lejos de colocar a todos los hombres en el mismo saco, reconocían que había muchos que ocupando altas funciones habían intentado, no simplemente por motivos de oportunidad, reequilibrar la representación del país.

En su llamada de atención a la ciudadanía las mujeres se quejaban de la actitud de los partidos políticos en general y no entendían como «cincuenta años después de la instauración del derecho de voto para las mujeres en Francia, solamente un 5 % de entre ellas eran senadoras o alcaldesas, un 6 % diputadas o consejeras generales y, debido al sistema proporcional básicamente, un 12 % consejeras regionales y un 30 % parlamentarias europeas». Y esto cuando el 52 % de los franceses eran mujeres, sus derechos eran los mismos que los hombres y su participación en los escrutinios similar.

Estos datos situaban a Francia a la cola de los países de América del Norte y Europa occidental en cuanto a la representación de mujeres en el Parlamento. Si a eso se añadían los datos referentes a los cargos políticos de libre designación del Gobierno los porcentajes incluso descendían: sólo un 2,6 % de los prefectos, un 2 % de los embajadores y un 5,5 % de los directores generales. En el caso de las empresas públicas el panorama era aún más desalentador.

Este «fracaso» se lo atribuían entre otras cosas a la tradición jacobina que hacía de la política un asunto de hombres. «Centralizador y jerárquico, dando lecciones y arrogante en tanto que educador, retórico y racionalista hasta la abstracción quimérica, el jacobinismo es una especie de concentrado de cualidades viriles, como sólo una época bañada en una América imaginaria podía fantasear.» «Personajes tan impuestos en nuestro imaginario republicano como el alcalde, el institutor, el soldado o el juez son figuras esencialmente masculinas.»

En la V República —se lamentaban las mujeres firmantes del manifiesto— la concepción jacobina ha sido reforzada y las funciones de representación están acaparadas por un grupo dirigente pequeño y extremadamente homogéneo que ha recibido su formación en las grandes escuelas, llegando a constituir una verdadera aristocracia democrática bajo la cobertura de elite republicana.

Según su diagnóstico en los períodos de no regresión los avances jurídicos hacia la igualdad eran evidentes, pero igualmente eran conscientes que en tiempos de crisis las mujeres eran las primeras tocadas por los despidos y el desempleo, total o parcial, y las diferencias salariales, sin hablar del acceso a los puestos de decisión. En el manifiesto defendían que era tiempo de cambiar las concepciones del poder y de repartirlo equitativamente entre el hombre y la mujer. La política debía dar ejemplo.

Para ello las mujeres proponían la llegada por etapas a la paridad. En primer lugar «una política voluntarista de los partidos, del Gobierno y de las asociaciones feministas conjugadas» utilizando como instrumento la vía de las cuotas, el escrutinio proporcional o incluso parcial con el objetivo de alcanzar que un tercio de los elegidos de cada cámara sean mujeres. Reivindicaban, asimismo, una drástica limitación de la acumulación de mandatos que permitiera liberar muchos escaños y una prima de financiación a los partidos en función del respeto de la paridad en sus órganos internos y cargos electos.

Los firmantes del manifiesto pedían que la paridad llegara a los puestos de libre designación del Gobierno y la adopción de una legislación sobre sexismo comparable a la existente contra el racismo. Planteaban reformar la Constitución para introducir discriminaciones positivas y, finalmente, un referéndum sobre la paridad.

La salida a la luz del manifiesto, y el debate que provocó inmediatamente, hizo tambalearse al vago consenso político que existía en Francia sobre la igualdad de sexos y el feminismo en general. Era el concepto de la diferencia entre el hombre y la mujer que chocaba frontalmente con el de igualdad de géneros. Se hablaba de igualdad de oportunidades no desde la identidad sino desde la diferencia.

Los movimientos feministas iban tomando conciencia de que era en el terreno político donde primero se debía progresar. No fue pues casualidad este impulso promovido por un puñado de «políticas con poder». Los tradicionales caballos de batalla del feminismo en las últimas décadas, como el aborto o la anticoncepción, se pelearon en la calle, pero se aprobaron en la Asamblea Nacional. La capacidad legislativa se presentaba no sólo como un instrumento idóneo para conseguir objetivos concretos, también como elemento de concienciación de la ciudadanía, de visualización del reparto equitativo del poder.

Ninguno de los partidos políticos tradicionales se atrevió, o quiso eludir, un debate que había calado en la sociedad. Las dos principales formaciones políticas francesas, los neogaulistas del RPR y los socialistas del PSF, admitieron a nivel teórico el principio base de la paridad, aunque con matices por lo que se refiere a su realización práctica.

Así, Alain Juppé, entonces Primer Ministro, presidente del RPR y mano derecha del Jefe del Estado, Jacques Chirac, se mostró partidario si se le pedía de organizar un referéndum sobre el tema y anunció que el Observatorio de la Paridad —presidido por él mismo y creado por voluntad de Chirac para censar las desigualdades entre hombres y mujeres— trabajaba en la revisión constitucional para instaurar el sistema de cuotas o ... la paridad. Pero Juppé no se atrevió a apostar decididamente por ella, y se propuso más bien avanzar en la política de cuotas. Aun así hablo de un período de aprendizaje en la vida política para las mujeres, y, sin ser hostil a la paridad, defendió otras medidas menos coercitivas, como la modulación en la financiación de los partidos según la plaza que las mujeres ocuparan entre los cargos electos.

Su experiencia como Jefe de Gobierno no fue muy alentadora. Es verdad que a su llegada a Matignon, en mayo de 1995, Juppé llevó doce mujeres a su gobierno, el más feminista de la historia de Francia, un 28,6 % de presencia femenina. En Europa no pasaba del 16 %. Pero las mujeres no fueron bien acogidas en el seno de la comunidad política francesa. Se las consideraba ministras de segunda categoría y fueron llamadas, no sin cierto desprecio, las «juppetes». La experiencia duró apenas medio año. El Primer Ministro en una remodelación ministerial sólo dejó 4 mujeres de los 32 miembros del Gobierno, un 12%. Al electorado francés no le gustó, sin embargo, este paso atrás. Las justificaciones de que no tenían representatividad política ni peso real dentro de sus propias formaciones fueron recibidas por la ciudadanía más bien con irritación. Los niveles de popularidad de Alain Juppé descendieron vertiginosamente, aunque, todo hay que decirlo, coincidió con la huelga casi general que paralizó el país durante dos semanas.

Quizás por todo esto, el Primer Ministro reaccionó con cautela ante la publicación del «Manifiesto de las diez». La paridad era un camino a seguir pero no dudó en rechazar la introducción de la proporcionalidad para las elecciones legislativas con el fin de garantizar un mayor acceso de la mujer al Parlamento, ya que, según su opinión, no había relación directa entre una cosa y la otra. Juppé se opuso también a la aprobación de una legislación específica contra el sexismo, como proponían las firmantes del manifiesto.

Más abierto se mostró el entonces jefe de la oposición, hoy Primer Ministro, Lionel Jospin. Como primer secretario de los socialistas franceses, Jospin, quizás influido por su mujer, la filósofa Sylviane Agacinski, saludó el manifiesto y se mostró partidario de una revisión constitucional. Para Jospin la democracia y las mujeres no habían penetrado lo suficiente en la República y por ello se justificaba que mujeres políticas de gran experiencia superaran las diferencias partidistas para exigir la paridad.

El líder de la oposición se alineó claramente con el feminismo paritario. «Estoy de acuerdo en su objetivo y el tiempo de hacerlo obligatorio ha llegado.» «Para mí la paridad no es la defensa de una comunidad particular o de una minoría, debería reflejar la mistura propia de la especie humana.» Son frases pronunciadas por Jospin en esos días. Para el primer secretario de los socialistas franceses su partido estaba en su conjunto a favor de la paridad, como demostraba que el 75 % de los militantes en una encuesta interna —realizada cuando fue elegido líder del PSF en 1995— se declararon favorables a que la paridad fuera inscrita en sus estatutos.

Jospin incluso apuntó un esbozo de calendario para la inclusión por etapas de la paridad en las instituciones públicas francesas. En primer lugar, la introducción del principio paritario en las listas a las elecciones municipales y regionales regidas por el sistema proporcional de escrutinio. A continuación, ir multiplicando por dos la representación de las mujeres en el Parlamento en las sucesivas elecciones legislativas. Pasar del 5 % al 10 %, del 10 al 20 y así hasta conseguir la plena paridad en un plazo de diez años.

En cambio, Jospin rechazó la penalización de los partidos si no avanzaban en la paridad orgánica. Prefería introducir una discriminación positiva primando a las formaciones que incluyeran en sus órganos mayor presencia femenina. También cuestionó la necesidad de una ley específica contra el sexismo y se mostró «filosóficamente desconfiado» con la idea de consultar al pueblo francés en referéndum sobre la paridad por temor al fracaso.

Mientras que el PSF permaneció en la oposición y hasta alcanzar al poder —más pronto de lo previsto debido a los malos cálculos políticos realizados por el Presidente de la República—, Jospin sometió y consiguió la aprobación de los militantes socialistas para adoptar la paridad como un principio a conseguir en la organización política del país y en el seno del propio partido socialista.

Junto al debate político se abrió el debate doctrinal sobre otras bases más teóricas y filosóficas, sobre la propia esencia de los principios republicanos heredados de la Revolución Francesa. Un debate quizás no nuevo pero que surgió con toda su intensidad. Desde finales de la década de 1950, dos grandes corrientes del feminismo no habían cesado de oponerse. La manzana de la discordia era así el punto de partida del feminismo: debía ser la noción de igualdad o de diferencia.

Dos debates esenciales se reproducen ahora, uno consecuencia del otro. El de la paridad política como problema de derecho constitucional y la consecuente adecuación de las nociones de discriminación positiva y sistema de cuotas a los principios fundamentales de la República y a la propia Declaración de Derechos del Hombre y, en segundo término, más filosófico si se quiere, el relativo a la oposición igualitarismo-diferencialismo. Los hombres y las mujeres ¿son iguales o diferentes? ¿Se puede hablar de valores femeninos como elemento diferenciador?

Muchos eran los que rechazaban la diferencia y, por lo tanto, la justificación de la paridad. Incluso filósofas y feministas prestigiosas como Elisabeth Badinter y Evelyne Pisier. Badinter, lejana discípula de Simone de Beauvoir, representaba esa primera tradición republicana y universalista, heredada de la Revolución Francesa, hostil a la política de cuotas y a la biologización de la política. Para ella «abandonar lo universal para entrar en el diferencialismo, incluso si éste es biológico, de los sexos es extraordinariamente peligroso. La grandeza de la idea republicana reside en la afirmación de la unidad fundamental de la especie humana, en la preocupación de acordar una igual dignidad a los seres humanos en general sin distinción de raza ni sexo, independientemente de su pertenencia a una comunidad u otra». Para la filósofa francesa introducir la paridad en el derecho era renunciar a la igualdad ciudadana, «aceptar el fin de la República francesa».

Elisabeth Badinter alertó sobre la posibilidad de que la aceptación de la paridad como valor constitucional pudiera llevar a sustituir el principio del universalismo, propio de los revolucionarios franceses, por el comunitarismo, poniendo en causa la propia idea de la igualdad, Insistía una y otra vez, en los numerosos artículos que publicó en esa fechas, en el hecho de que lo propio del ser humano, sea hombre o mujer, era la libertad, entendida como capacidad del individuo para superar por su sola voluntad los determinismos naturales o históricos.

Siguiendo de nuevo a los revolucionarios franceses, mantuvo que la historia no es un código genético que nos haga estar prisioneros de nuestras tradiciones, por lo que se puede cambiar el curso de las cosas. Con el sexo, sentenció, pasa lo mismo. Para ella, aunque existan diferencias biológicas, lo lógico es ir reduciéndolas. Que el proceso sea largo, lento y tedioso es una cosa pero eso no significa para Badinter que se deba aceptar lo distinto como signo ineluctable. Hace falta el feminismo para corregir eso, concluyó, pero con una concepción universal no diferencialista.

Otro de los reparos que la filósofa francesa ponía a la paridad era la de los efectos perversos que podía provocar la introducción de cuotas en el sistema democrático. Las mujeres podrían ser sospechosas de deber su acceso a los cargos públicos no en razón a sus méritos personales sino a las medidas imperativas adoptadas.

Para los defensores de la paridad la comunidad sexual no era una comunidad como las otras, ya que siempre es necesaria la participación de un hombre y una mujer para fabricar a otro ser humano y, por otra parte, la discriminación positiva es una medida necesaria, aunque fuera a título transitorio, para reparar una injusticia secular por la que se aparta y se mantiene a la mujer en una situación de minoría, a toda luces injusta.

Entre estos últimos, Olivier Duhamel defensor de la paridad como situación transitoria a pesar de abogar por el universalismo frente a la diferencia. Basándose en el artículo primero de la Declaración de los Derechos del Hombre de 1789, «Los hombres nacen y permanecen libres e iguales en derechos», sostuvo que la igualdad de derechos es el principio fundador de la democracia y que el estado de derecho reposa sobre la abstracción de la regla, la generalidad de la ley y la universalidad de los ciudadanos. Por eso la democracia no conoce ni negros, ni blancos, ni grandes ni pequeños, ni inteligentes ni tontos, ni ricos ni pobres, ni hombres ni mujeres, no conoce más que ciudadanos. Si se admite la elegibilidad de la mujer para un cargo político está garantizada la democracia.

Para Duhamel atacar ese universalismo llevaría a una temible lógica diferencialista y los seres humanos serían reducidos a especificidades, llegándose a reivindicaciones comunitaristas. La distinción por sexos entre cargos electos era antidemocrática ya que suponía que la diferenciación sexual es más improtante que la identidad humana.

Hasta aquí coincidía con los críticos del paritarismo. Sin embargo, se apartó de ellos al admitir que sin paridad legal las cosas no avanzarían. Por ello propuso, a pesar de todo, la aceptación temporal de la excepción paritaria en la Constitución hasta equilibrar la situación.

En el debate participaron muchas voces que mantuvieron que la paridad no era, ni mucho menos, una vulneración de la democracia ni de los principios republicanos y sostuvieron que los hombres y las mujeres no eran iguales y así había que admitirlo, aunque eso no significara que no debieran tener igualdad de derechos. Ahí habría que situar la paridad.

En esa línea se situó Anne de Kervasdoué, que contrapuso los valores masculinos —constituidos alrededor del éxito, la eficacia y, a veces, el cinismo, y sometidos a la influencia de la tasa de testosterona que determina la agresividad y violencia d los hombres— a los valores femeninos más humanos, basados en un discurso hecho de compasión, solidaridad y ayuda, donde se conoce el sufrimiento, la angustia y la fragilidad. El diferente comportamiento hombre-mujer lo atribuía a razones biológicas.

Las defensoras de la paridad refutaron la idea de que este principio se oponía por definición al de universalismo. Para Blandine Kriegel, la mujer no es una categoría física, blanco o negro, grande o pequeño; tampoco un componente cultural, católico o musulmán; ni una clase social, propietario o proletario. Se es siempre, en tanto que ser humano, hombre o mujer. Por lo tanto, la paridad no reclama la particularidad sino que reivindica los derechos de lo humano.

Rechazó también las acusaciones que vinculaban la paridad con la discriminación positiva frente a la igualdad. Insistió en que la paridad se proponía aplicar el principio de igualdad reconocido en la Declaración de 1789 a su segundo escalón, la ciudadanía. Dicho de otra manera, a la decisión política. Frente a los argumentos que aseguraban que la República no conoce más que ciudadanos, Kriegel matizó que conoce humanos, es decir hombres y mujeres, y la paridad era una forma de inscribir la igualdad en la ciudadanía. Para reforzar sus tesis recordó que el Gobierno francés fuera del signo que fuera trataba desde hacía tiempo de buscar equilibrios regionales y cuotas más equilibradas de representación en las instituciones nacionales.

En esta línea Sylviane Agacinski recordó el carácter político de la idea de igualdad, subrayando que no había que confundir igualdad con identidad, ya que los hombres y las mujeres pueden ser iguales pero no idénticos. El principio de igualdad no excluye el reconocimiento de la diferencia. Para la filósofa francesa, la «política de sexos empieza con esa sicología elemental que hace que cada hombre y mujer tomen conciencia de una diferencia natural que las transformaciones de la historia no suprimen». Esto le llevó a la conclusión de que el igualitarismo torna en ingenuo si se pretende basar en la identidad de los sexos. Se trata, pues, de conseguir una igualdad de derechos, por lo que hay que buscar otro concepto, el de equidad, que, a su juicio, es más justo, ya que se fija precisamente en las partes en que se diferencian el hombre y la mujer.

La principal conclusión a la que llegó es que la diferencia no es contraria a la igualdad sino a la identidad. La Declaración de los Derechos del Hombre y el Ciudadano por sí misma no hace realmente iguales a hombres y mujeres en derechos. La igualdad de derechos no es un don inmediato, surge de la institución, no de la naturaleza. Pero además, es preciso completar con leyes concretas esa declaraciones abstractas, especialmente en el caso de la mujer. Como ejemplo recordó que hasta después de la Segunda Guerra Mundial la mujer no tuvo derecho a voto. Por tanto, la desigualdad real debe ser corregida por medidas que necesariamente deben ir más allá del concepto abstracto de igualdad. Agacinski concluía que apoyarse sólo en la igualdad de derechos «constituía la mejor cobertura posible para el mantenimiento de las tradicionales misóginas y las desigualdades de hecho». Por eso, en tanto que mujer reivindicaba un reparto de poder con los hombres.

En general, los franceses, como demostraba la encuesta realizada en ese momento por Ifop para el semanario *L'Express*, se mostraban favorables a la introducción de la vida política gala. Las mayorías eran conscientes de que la Constitución aprobada en 1958 recogía, implícita o explícitamente, la igualdad de sexos, pero sabían que esa idea se burlaba sistemáticamente de la realidad. El 89 % eran partidarios de la paridad. El 59 % creían que la situación de la mujer era menos favorable que la de los hombres. Un 71 % consideraban que la paridad política era un motor indispensable para la igualdad en general. Esta aprobación era casi general. No dependía de franjas de edad, categorías profesionales o familias políticas. Incluso los niños apostaban por la paridad. En una encuesta llevada a cabo entre escolares de entre 9 y 11 años —repartidos en más de quinientas clases pertenecientes a medios urbanos y rurales— en la que debían elegir sus diputados para la Asamblea, los niños eligieron incluso más mujeres que hombres.

Este gran debate se mantuvo vivo en toda Francia durante casi dos años, reavivándose cuando el Gobierno, ya socialista, presentó su proyecto de modificación constitucional —y posteriores leyes de desarrollo— hasta su definitiva aprobación parlamentaria en junio de 2000. Incluso, el debate volvió a surgir con motivo de las recientes elecciones municipales en marzo de este año, en las que la paridad en las listas fue ya una realidad.

Entre el manifiesto por la paridad y la llegada al poder de los socialistas, el gobierno del neogaulista Alain Juppé poco avanzó en este sentido. Posiblemente porque las dificultades de tipo social y los muchos errores cometidos en este terreno le tenían acorralado, a la defensiva. Tan sólo destacar la presentación del informe elaborado por el Observatorio de la Paridad remitido al Primer Ministro en enero de 1997. En él se aboga por la inscripción de la mistura en la Constitución.

Dos meses después Juppé ante la Asamblea Nacional defendió la necesidad de establecer un decenio por la paridad y propuso introducirla en la Constitución «para que la democracia francesa cesara de avanzar sobre una sola pierna». El Primer Ministro se pronunció también, aunque a título personal, a favor de las cuotas femeninas en los escrutinios proporcionales. Unas apuestas arriesgadas teniendo en cuenta que la mayoría parlamentaria que le sustentaba no era receptiva a la idea de la paridad y el propio Presidente de la República, su jefe de filas, no veía este tema muy claro.

Entretanto, Jacques Chirac disolvió inesperadamente la Asamblea y convocó nuevas elecciones generales, quizás pensando en una clara victoria de sus partidarios, pero el resultado fue distinto a sus pronósticos, y la izquierda, bajo la forma de un gobierno plural de socialistas, comunistas, verdes y republicanos volvió al poder.

El programa de Jospin sobre política de igualdad de sexos se pone sobre la mesa y comienza su desarrollo. Apenas cuatro meses antes, el PSF se había comprometido a presentar como candidatos un tercio de mujeres en sus listas para las legislativas. Al final sólo alcanzó el 26,4 % menos de lo previsto, pero fue un gran avance con respecto a los anteriores comicios. De hecho con 63 mujeres elegidas para la Asamblea en junio de 1997, es decir, un 10,9 %, se llegó una cifra récord —antes era sólo del 6,4 %—. A ello contribuyó en gran medida la decisión del PSF de incluir mujeres en sus listas. Salieron elegidas 42 mujeres de los 241 diputados totales que obtuvo el partido socialista, un 17,4%, casi siete puntos por encima de la media en la Asamblea Nacional.

En la declaración de política general el nuevo Primer Ministro se comprometió ante el Parlamento a proponer una revisión de la Constitución para inscribir en ella el objetivo de la paridad entre las mujeres y los hombres en la vida política. El 16 de junio de 1998 el proyecto de ley constitucional sobre la paridad hombres-mujeres se presentó en Consejo de Ministros, siendo definitivamente aprobado un año más tarde. El 28 de junio de 1999 el Congreso —que reúne conjuntamente la Asamblea y el Senado— aprobó en sesión solemne en Versalles la modificación de los artículos 3 y 4 de la Constitución francesa. En el artículo 4 también añadió otra línea: los partidos políticos y los gobiernos «contribuirán a la puesta en práctica del principio enunciado en la última línea del artículo 3 en las condiciones determinadas por la ley».

Como puede verse, el redactado final es un texto humilde. Se habla de favorecer, no garantizar, e, incluso, la palabra paridad desapareció. Fue sin duda fruto del consenso entre Lionel Jospin y Jacques Chirac para que este último diera su acuerdo a la reforma constitucional que no era bien vista por el sector más conservador del Senado.

Precisamente esa redacción ambigüa fue el argumento esgrimido por algunos senadores para rechazar las leyes de desarrollo y acudir al Consejo Constitucional. La Constitución, dijeron, no prevé la imposición de la igualdad de acceso de hombres y mujeres a los mandatos electorales y funciones electivas, sólo habla de favorecer. Por ello, tampoco aceptaban —como recogía el texto legal— las sanciones financieras para los partidos con poca presencia de mujeres en sus listas.

Estas leyes hicieron una interpretación extensa de la reforma constitucional y además planteaban una paridad alternativa hombre-mujer para los escrutinios proporcionales con listas cerradas —europeos y senatoriales en los departamentos de más de tres escaños— y una paridad por paquetes de seis —tres hombres y tres mujeres en desorden— para las municipales y regionales. Cuotas pues del 50 %.

Fue el propio Presidente de la República quien forzó a los senadores «rebeldes» para que abandonaran su frontal oposición y el bloqueo a la reforma paritaria. Chirac consiguió convencer a Christian Poncelet, Presidente del Senado y uno de sus fieles entre los fieles, que encabezaba la protesta. El presidente francés sin humillar a nadie encontró una salida para sus correligionarios y, a la vez, mantuvo su liderazgo y su discurso modernizador donde se apoyaba la reforma. No quiso pasar como un jefe sin autoridad ni dejar que su máximo adversario político, el socialista Lionel Jospin, se apropiase de la bandera de la paridad que, a tenor de cómo se estaba desarrollando el debate en el seno de la sociedad francesa, podría dar grandes réditos en la próxima campaña de las presidenciales.

Los textos salieron finalmente adelante y la paridad política comenzaba a tomar forma de realidad. La cohabitación paso por uno de sus momentos de tensión. Los senadores cedieron aunque consiguieron resucitar un debate que creían perdido.

La ley instauró la paridad para las listas electorales en ayuntamientos de más de 3.500 habitantes, dos tercios de las 36.000 comunas de Francia, lo que provocó una gran convulsión en el seno de los partidos políticos, que se lanzaron a la búsqueda desesperada de mujeres para sus listas. Paralelamente se vieron en la necesidad de apartar a hombres de sus candidaturas, algunos de ellos con varios mandatos a sus espaldas y con influencia, lo que planteó no pocos problemas internos. La aplicación de la paridad acarreó también situaciones contradictorias. Hubo que apartar de las candidaturas a personas que habían cumplido correctamente con sus funciones. Sirvió para alejar a algunos dinosaurios, pero también para cerrar el paso a hombres jóvenes. Era necesario salvar el compromiso paritario.

Los electores veían con buenos ojos esa elección y una gran mayoría eran partidarios de la llegada de una mujer a la cabeza de su ayuntamiento. Un 63 % de los hombres y un 66% de las mujeres. La proporción subía al 73 % entre los votantes de izquierda y bajaba al 55 % entre los electores de la derecha. En todo caso más de la mitad y muy por encima de la realidad en esos momentos en que tan sólo un 8 % de los ayuntamientos estaban gobernados por una mujer alcaldesa y tan sólo tres municipios de más de 50.000 habitantes.

Pero, según las encuestas, los franceses van más allá. Un 63% aseguraba que la feminización de las corporaciones municipales mejoraría las elecciones políticas locales y el funcionamiento de la democracia. Para la gran mayoría una mayor intervención de la mujer en los ayuntamientos produciría cambios positivos en la esfera social —lo que era todavía sin duda una apreciación muy estereotipada de cuáles son las funciones habituales que desempeñan las mujeres en las corporaciones locales—, pero, y eso es lo importante, también mejoraría la gestión política en el resto de las áreas, a excepción —es curioso— de transportes. En todo caso se veía a la mujer como garantía frente a prácticas nada claras, como el cúmulo de mandatos, longevidad en el poder y malversaciones de todos los géneros.

La primera cita electoral con las leyes de paridad en vigor se produjo la última primavera en los comicios municipales y regionales. Apenas sesenta mujeres fueron cabezas de lista por la izquierda plural para localidades de más de 20.000 habitantes, menos de treinta en las candidaturas de la derecha. En París sólo los verdes aplicaron a rajatabla el principio de paridad. A pesar de todo hubo cerca de 230.000 candidatas.

El quince de marzo pasado se inició un proceso lento pero firme de feminización de la política. El escrutinio proporcional situó en el 24,16 % a las mujeres elegidas consejeras regionales, frente al 10,5 % en 1992. 442 mujeres se sentarán en los parlamentos regionales. En cambio, en las elecciones cantonales, regidas por el sistema mayoritario, sólo consiguieron acceder a las asambleas 162 mujeres de los 2.038 escaños que se renovaban, es decir, tan sólo un 7,94 %. El sistema de escrutinio es, pues, determinante para la presencia femenina en las instancias políticas. Así, en las europeas, donde rige el principio proporcional, un 29,9 % de mujeres consiguió escaño, mientras que en las legislativas para renovar algunos escaños del Senado sólo alcanzaron el 5,9%.

A pesar de las expectativas las elecciones municipales no arrojaron resultados arrolladores para la mujer. Los ayuntamientos quedan todavía, en su gran mayoría, en manos de los hombres; curiosamente, en las pequeñas comunas, sin la aplicación legal de la paridad, se concedieron más poderes a las mujeres que en los grandes ayuntamientos. De los 36.680 municipios, 3.956 eligieron a una mujer como alcalde en las elecciones de marzo de 2001, un 10,79%. El efecto paridad provocó un aumento del 0,09 %, algo prácticamente despreciable.

Es en los municipios de más de 3.500 habitantes donde la ley se aplica y ahí se nota verdaderamente. Quizás no a nivel de alcaldías pero sí de concejalías. Un 47,5% de los concejales son mujeres. Ha aumentado la presencia femenina pero su poder de dirección permanece débil. En el gobierno de los departamentos incluso baja la presencia de la mujer con respecto a la situación anterior. El gobierno de la República, en la actualidad, tras una reciente remodelación, cuenta con nueve mujeres de sus veintiocho miembros, casi un tercio del total.

Las leyes sobre la paridad política no han conseguido llenar las expectativas creadas por los más optimistas, pero han logrado iniciar un proceso, lento, pero sin retorno. No obstante, los enemigos de la paridad querrán aprovechar cualquier resquicio para resucitar el debate sobre su idoneidad democrática. Entre los defensores del proceso habrá, hay ya, posiciones diferentes sobre la velocidad que deben adquirir los trabajos legislativos. Ya no hay impedimento constitucional, pero sí oportunidad política.

De cara a las elecciones legislativas y con la experiencia de las municipales para algunos es preciso hablar de paridad, pero con prudencia. Para dirigentes socialistas como Catherine Tasca —ex ministra de Cultura y presidenta de la Comisión de Leyes de la Asamblea—, la paridad es un medio eficaz, pero que debe ser un instrumento más para conseguir el acceso de la mujer a la política y, en todo caso, debe ser transitorio. Nicole Péry, secretaria de Estado para los derechos de la mujer, ha asegurado que las cuotas son útiles de manera provisional y en ningún caso una medida a erigir en principio permanentemente. Hoy los paritaristas dicen que no se trata de alcanzar la paridad absoluta, sino iniciar el proceso de manera que la promoción femenina se produzca naturalmente.

En noviembre de 2000 en el Congreso del PSF de Grenoble, Francois Holande, primer secretario de los socialistas franceses, propuso que en las elecciones legislativas un 40 % de las candidaturas fueran femeninas. Entonces Yvette Roudy, alcaldesa de Lisieux se quejó de que esta cifra no decía gran cosa, ya que lo importante era conocer cual sería su presencia real en la Asamblea. Para ello debía conocerse en que circunscripciones se presentarían mujeres, si mantenían candidaturas en los lugares donde habían obtenido escaño y sobre todo si accederían tan sólo a las candidaturas dejadas por los hombres que, por diversas razones no querían volver a presentarse.

Roudy recordó como el 30 % de las candidaturas femeninas en las legislativas de 1997 se tradujo tan sólo en un 18 % de mujeres en el seno del grupo socialista. Pidió por ello más imaginación y voluntad, ya que la estrategia de los pequeños pasos no era, a su juicio, suficiente. Para la dirigente socialista era necesaria la consecución de la paridad integral en el próximo decenio. Los socialistas, sentenció, «somos imbatibles en la conceptualización de nuestras ideas, lo que es gratificante cuando se está en la oposición, pero cuando debemos pasar a los actos nos dejamos empantanar en los hábitos de nuestra burocracia de Estado, que no hace más que reproducir esquemas sociales. Olvidamos entonces y terminan por ejercer su influencia en todo el continente europeo». La situación salvo excepciones, como vamos a ver, no es muy distinta en la Europa comunitaria.

En el Reino Unido las elecciones legislativas de 1997 se consideraron «la gran revolución» por la llegada al Parlamento de Westminster de 120 diputadas, un 18,2 % del total. Un techo lamentablemente rebajado en los recientes comicios. Pero lo británicos no quieren introducir una ley que reconozca una discriminación positiva a favor de la mujer. Los parlamentos regionales de Escocia y Gales están más equilibrados. Un 40 % de la representación son mujeres. Es la cara de la moneda, porque en todo el Reino Unido los hombres ocupan el 87 % de los escaños regionales y son el 77 % de los concejales.

Algo más avanzados están los alemanes, aunque tampoco tienen una ley que obligue a una representación mínima de las mujeres en las listas electorales. Son los partidos quienes han introducido normas correctoras en sus estatutos. Los verdes han fijado una cuota femenina del 50%, los socialdemocratas el 40 % y los cristianodemócratas un tercio. Pero todavía es difícil ver una mujer al frente de alguno de los «lander». Sólo una en la actualidad, la socialdemócrata Heide Simonis en Schleswig-Holstein.

En España, la situación tampoco es mejor. Sin leyes que hagan obligatoria la presencia femenina en las candidaturas, en la actualidad 63 de los 259 escaños del Senado son mujeres y 102 diputadas de los 350 en el Congreso de los Diputados. Aunque las presidentas de ambas cámaras son mujeres no poseen gran poder político. Tan sólo el PSOE ha introducido la paridad en sus estatutos.

Peor está el tema en países extracomunitarios como Rusia, donde cada vez es menor la presencia de mujeres en la Duma o Parlamento ruso. A comienzos de 2000 eran el 7,2 %, frente al 10,4 % y 13,6 % en 1993. En la Cámara Alta ninguna. En el Gobierno tan sólo una.

Tan sólo los países nórdicos, como en muchas otras cosas, parecen avanzar rápidamente en el cambio de mentalidad. Por ejemplo, en Suecia, no ha sido necesaria la imposición por ley de cuotas femeninas, ha bastado con la voluntad política de cada uno de los partidos, que han utilizado simplemente su libre albedrío. La proporción de diputadas alcanza el 43%. Tras las últimas elecciones el nuevo gobierno estuvo formado por once mujeres de los veinte cargos disponibles. Su proporción supera el 40% en los consejos municipales y regionales.

Quizás para los defensores de la paridad el ejemplo sueco provoque una sana envidia. En todo caso, Europa se ha encaminado hacia ello. La respuesta de los gobernantes puede ser el modelo nórdico de concienciación de la sociedad o la respuesta francesa basada en la imposición de cuotas, aunque sólo sea de manera transitoria, pero lo que parece evidente es que la promoción de la mujer a las instancias de representación y poder político es un proceso en marcha y punta de lanza de la cuenta atrás en la discriminación femenina. Son más de la mitad de la humanidad. La paridad es sólo una manera de hacer justicia.

Quien sabe si en un futuro no muy lejano este principio deje de ser visto como una forma de promoción femenina y las leyes que ahora muchos critican protegerán la presencia de los hombres en las instituciones políticas, sociales y económicas al mismo nivel que las mujeres. La sospecha no es mía sino de un veterano alcalde francés de la región de L'Essone. Cuando oigo hablar en contra de la paridad no puedo evitar acordarme de la frase que Charlton Heston dijo a Ava Gadner en la película *Cincuenta y cinco días en Pekín*: «A mí, las mujeres inteligentes me intimidan».

Conectando vida, trabajo y política[1]

Joan Subirats

Estas reflexiones pretenden acercarnos a la creciente presencia y atención de lo que se ha venido en llamar «trabajo emocional» en esta sociedad posindustrial en la que prima el conocimiento y los servicios. Si bien encontramos este tipo de trabajos en muchos contextos distintos, lo cierto es que tradicionalmente se han visto este tipo de labores, cercanas al cuidado y necesitadas de dosis variables de cariño, como propias de las mujeres. Pero, cada vez más, ese mayor énfasis en la presencia de las emociones, de la implicación personal en el desempeño de todo tipo de funciones, expande el campo del «trabajo emocional», generando, por un lado, desajustes entre estereotipos y perfiles laborales, mientras que por otro lado casi nunca esa mayor implicación recibe una adecada compensación o reconocimiento. Y ello es sobre todo habitual cuando son las mujeres las que mayoritariamente los realizan, ya que se entiende que en ellas existe algo «natural» que no

1. Este artículo se ha beneficiado de los comentarios y las aportaciones de Ricard Gomà y María de la Fuente.

necesita ser reconocido, y que, incluso, de ser compensado económicamente desvirtuaría la propia esencia del trabajo y de su valor añadido. De hecho estamos ante una nueva manifestación de la construcción social de la desigualdad de género. Planteamos pues el examinar primero algunas de las características específicas del llamado «trabajo emocional», para después centrarnos en hasta qué punto son retribuibles esas labores cuidadoras que conllevan dosis variables de cariño, proponiendo asimismo nuevas maneras, no mercantiles, de afrontar el tema. Entendemos que conviene detenerse luego en ciertas reflexiones finales sobre como conectar mejor vida, trabajo y políticas públicas al respecto para que las estrategias cuidadoras en el marco familiar-comunitario sean compartidas por hombres y mujeres.

El trabajo emocional

Cada vez son más las organizaciones que ponen el énfasis en la perspectiva o la componente emocional de ciertos trabajos. Se considera que en algunos empleos, en los que existe un contacto cara a cara (o voz a voz), se requiere una especial predisposición por parte del empleado o empleada que favorezca la vertiente relacional de la labor, más allá incluso del contenido concreto de la tarea a desarrollar. Ello es especialmente importante en el ámbito de servicios, aunque no sea exclusivo de ese sector. Se trata de empleos que son intensivos en carga de trabajo, y que requieren ciertas habilidades específicas. Crean valor y afecto y generan beneficios. Hay quien califica a esos trabajadores de primera línea y a ciertos profesionales como «proletariado emocional».

En muchos de los trabajos que se desarrollan en contacto directo con el público, es cada vez más habitual que las instrucciones que reciben los empleados pongan el énfasis en conseguir la satisfacción del usuario del servicio, y eso se relaciona directamente con el clima que ha de rodear la relación entre empresa (es decir empleado) y cliente. No es únicamente importante que la persona que acuda a una peluquería salga con el pelo bien cortado. Lo que determinará la sensación de calidad del servicio será el conjunto de atenciones que rodean la parte específica y concreta del tema (cortar el pelo). La gente da por supuesto que se le cortará bien el pelo, lo que espera es que el entorno esté limpio, las personas que la atienden la traten con amabilidad y que el conjunto de la experiencia se pueda considerar como satisfactorio.

En Estados Unidos se habla en procesos de selección que el objetivo es reclutar «caras sonrientes» (*smiling faces*), y ello exige una implicación y esfuerzo emocional y un tipo de habilidades comunicacionales que van más allá de un mero desempeño correcto. La dificultad estriba en equilibrar la contención de los propios sentimientos para que no interfieran en la capacidad de «simpatizar» con las demandas explícitas o implícitas de los usuarios, y al mismo tiempo no exagerar la «frialdad» o «despersonalización» en el trato, ya que ello no crearía el entorno adecuado para que la sensación de «calidad relacional» funcionara adecuadamente. Así pues, cuando se habla de trabajos emocionales se describe un entorno laboral en el que habitualmente están en juego emociones de trabajadores o proveedores y usuarios o clientes simultáneamente.

Los tipos de trabajo que requieren este componente emocional son muy diversos. Desde los más evidentes, que se relacionan con cuidado de enfermos, menores o personas mayores, venta a domicilio, temas formativos, o con servicios persona-persona, hasta aquellos que podríamos considerar que acarrean también una carga emocional de signo distinto: detectives, policías, inspectores de hacienda o funcionarios de prisiones. De una manera más o menos explícita, se tiende a distribuir o clasificar estos tipos de trabajo desde una perspectiva de género. Los estereotipos, socialmente construidos, tienden a relacionar la carga emocional de los trabajos más conectados con cariño (carga emocional positiva) con feminidad, mientras que los que implican una labor emocional de signo distinto (carga emocional de carácter más inquisitivo o competitivo) son atribuidos más bien al ámbito de la masculinidad.

Lo nuevo es que, en los últimos tiempos, a medida que la crisis del modelo industrial de desarrollo se ha hecho más evidente, y ha ido aumentando la presencia y significación del sector servicios, el valor que se atribuye a la carga emocional o de empatía del trabajador en relación con el desempeño de su labor ha ido adquiriendo más significación. Por otro lado, la crisis del modelo estándar de familia y la incorporación al mercado laboral de la mujer han supuesto que labores consideradas de carácter familiar-femenino, pasen a ser obligadamente mercantilizables y por tanto susceptibles de integrarse en el marco de una relación laboral convencional. Podríamos decir, por una parte, que el propio concepto de trabajo emocional supone reconciliar dos aspectos que el modelo de producción característico de la sociedad industrial había pretendido claramente separar: el mundo de los sentimientos del mundo del trabajo. Y por otra parte, hablar de trabajo familiar implica superar lo que hasta hace poco era considerado casi como un oxímoron, una contradicción en sus propios términos. Si era trabajo, no podía ser familiar; si era en y para la familia, no podía ser considerado trabajo.

En general, la sociedad industrial separó trabajo y hogar de manera radical. En cada lugar regían normas y contaban valores distintos. En el trabajo no importaba tu edad, tu sexo, tu coyuntura personal o tus sentimientos. Lo que importaba era tu capacidad de rendir, de generar valor con tu trabajo. En el hogar, o en la comunidad, encontrábamos la preocupación por la formación de los más jóvenes, el cuidado de los enfermos o de los mayores, o los demás elementos que condicionaban de alguna manera el rendimiento laboral: la comida, el aseo, el descanso, el ocio.

Esta distinción, esta separación institucional, era evidentemente también una separación de género. El trabajador ideal, sólo preocupado por la labor a desarrollar, era hombre. Y la «santa», el «ángel de la casa», que desplegaba sus capacidades para asegurar que todo funcionara correctamente y se asegurara de que la capacidad laboral se mantuviera y reprodujera, era mujer. Uno hacía el trabajo, la otra el cuidado. Mientras el trabajo se hacía buscando la compensación salarial que conllevaba, o buscando el propio consumo de lo que se producía, la labor cuidadora era entendida como al margen de la relación laboral, y no se entendía por tanto que precisara de una compensación explícita. De ahí derivó la idea que la labor cuidadora no podía entenderse como formando parte de la misma lógica que el trabajo asalariado. En esta lógica, se viene a afirmar que quien cuida lo hace de manera natural, debido a que le gusta, a que es mujer. En cambio, quien trabaja de forma asalariada lo haría buscando el propio sustento y el de los suyos. Podríamos decir pues, que, en esa visión, los hombres no trabajarían sin recompensa, mientras que en cambio las mujeres harían sus labores porque ello derivaría de su propia condición, y por tanto no deberían esperar ser recompensadas por ello.

Tenemos por tanto un escenario en el que hogar-cuidado-mujer se sitúan en un lado, mientras que en el otro lado encontramos el lugar de trabajo-salario-hombre. En esa visión dicotómica, no habría espacio para el trabajo cuidador. No porque el cuidar a alguien no implique trabajo. Es evidente que tanto en el hogar como en los lugares de trabajo, tanto hombres como mujeres dedican mucho tiempo y espacio a labores que pueden ser o no retribuidas, pero que van dirigidas a mejorar o garantizar un cierto bienestar de otras personas. El problema es que en esa visión dicotómica las tareas consideradas hogareñas, las que conllevan dosis variables de cariño, y que por tanto se consideran «naturalmente» femeninas, no generan la sensación de ser «trabajo», ni son susceptibles de requerir contraprestación económica alguna. Y ello implica no sólo una distorsión evidente de lo que ocurre, sino que, en sentido contrario, presupone que el trabajo asalariado no tendría nada que ver con las emociones, con la implicación, con el conceder una dimensión personal al trabajo. Todo se reduciría a un intercambio de fuerza de trabajo por salario.

Esa sistemática y muy enraizada construcción social de las funciones de género ha apartado de modo radical a los hombres del mundo de las emociones, del mundo de la atención a las personas, y no permite plantear otro escenario en el que los hombres puedan incoporarse (también de manera natural) al mundo de las labores cuidadoras. Sólo combatiendo radicalmente esa construcción social (presente en la educación, en el ocio infantil, en la publicidad, en el vestir...) podremos plantear unas relaciones paritarias hombre-mujer en el campo del cariño.

¿Puede retribuirse el cariño?

Los trabajos considerados como relacionados con el cuidado de las personas implican normalmente diferentes tipos de funciones. En unos casos se trata sólo de atender a alguien y ahí termina la labor. En otros casos, el tema va más allá e implica preocuparse por (el bienestar de) otra persona. En la primera de las situaciones, parecería que de lo que se trata es simplemente de limpiar bien una habitación, de comprar y cocinar para alguien que no puede hacerlo, o de lavar y acompañar a una persona que no puede valerse por sí misma. Mientras que en la segunda de las hipótesis, se presupone una preocupación sincera por el hecho de que la otra persona se sienta a gusto además de ver satisfechas sus necesidades. El problema, muchas veces, es que sólo puedes conseguir una atención de calidad si la persona que recibe dichas atenciones tiene la sensación que la realización de tales actividades no se hace de manera estrictamente profesional, sino que además existe una preocupación por la persona más allá de la impersonalidad de la labor a desempeñar.

Es evidente que no todos los trabajos remunerados, ni tampoco muchas de las labores domésticas que se efectúan sin remuneración, requieren ese tipo de vinculación o implicación personal. Una habitación puede quedar igualmente limpia tanto si la persona que la limpia piensa en el bienestar de quien la ocupa como si cuando lo hace esa persona está pensando en sus propios asuntos. Lo cierto es que la labor cuidadora, en su sentido más completo, no es un tipo de trabajo que normalmente uno escoja. Más bien deriva de una relación preexistente de carácter paternal, maternal, filial o marital. Y esa labor cuidadora es muy difícilmente separable de la relación que se va estableciendo entre cuidador o cuidadora y persona objeto de cuidado. Hasta el punto que, probablemente, si una de las dos personas que constituyen el polo de esa relación cambia, cambiará asimismo el tipo de relación que se había generado anteriormente, y cambiará el resultado final de la labor cuidadora. Por tanto, podríamos decir que la labor cuidadora no tiene las características de intercambiabilidad de personas y situaciones que tienen otras tareas. Y ello es debido a que, en el caso que nos ocupa, cuenta quién hace qué para qué otra persona.

Podríamos decir que la amistad tiene asimismo algo que ver con lo que estamos diciendo, en el sentido que dos personas se intercambian cuidados y atenciones en un contexto de reciprocidad. Pero ello se da en un marco de simetría que no es el habitual en el seno de las familias, donde se supone que las mujeres ejercen más «naturalmente» de cuidadoras que los hombres, y por tanto se espera más de ellas en ese campo. Todo ello aleja ese tipo de trabajos de lo que convencionalmente se considera trabajo remunerado, en el que, en principio, no se espera una vinculación emocional entre productor y labor, ni entre productor y usuario. De este último se espera sólo que sea capaz de pagar por el servicio recibido.

En los últimos veinte o treinta años, la proporción de tiempo que las mujeres dedican a las labores domésticas no retribuidas ha perdido parte de la significación que tenía. Ha aumentado la demanda de trabajos de cuidado, pero ha aumentado notablemente el porcentaje de esos trabajos que son ofrecidos por el mercado. La atención a niños y mayores ha ido generando la consolidación de un sector de servicios específico. Pero esa creciente mercantilización de las labores cuidadoras, ¿ha supuesto realmente una reducción de la carga emocional de esos trabajos, y una mayor intercambiabilidad y despersonalización de los mismos? No parece que ello sea así. Se ha constatado cómo en muchas ocasiones las personas que se ocupan de esas labores emocionales desarrollan un profundo sentido de responsabilidad en relación con la gente que tienen a su cuidado, yendo mucho más allá de lo que sería su atribución formal de competencias y deberes (recuérdese el reciente caso de la trabajadora social catalana que «adoptó» a una anciana de 89 años que estaba a su cargo profesional, trasladándola a su casa para que viviera con ella y su familia, *El País*, 15 de junio 2001).

O sea que muchas veces las labores cuidadoras de carácter profesional, que incorporan una relación laboral convencional, incluyen asimismo una significativa carga emocional y una notable implicación personal. En ese contexto se afirma que las personas que trabajan en esas labores ejercen dos funciones: una que si es retribuida (la que podríamos denominar más física) y otra que no se recoge en su hoja de salario (la más conectada con su implicación emocional o afectiva). Y ése es sin duda un error grave de apreciación, ya que lo que no se analiza convenientemente es que ese tipo de labores implican necesariamente trabajo y amor o cariño.

Precisamente, se ha dicho que la existencia de una retribución salarial por ese tipo de trabajos que antes se consideraban fuera del mercado facilitaría ahora que los beneficiarios de los cuidados percibieran la contraprestación salarial que entregan como algo que les iguala con los cuidadores, que los hace menos dependientes psicológicamente. Si los que reciben cuidados no pueden devolver cariño, pueden tratar de sustituir ese más genuino y apreciado intercambio con la contraprestación económica (aunque sea a través de terceros: familia, poderes públicos...). E incluso, quizás ello, al concentrar y conectar la retribución muchas veces al tema de los cuidados físicos, les deja relaciones más libres de obligaciones, de mayor dignidad personal, con sus familiares y amigos.

En los últimos tiempos se insiste en que ese tipo de trabajos emocionales es más propio de familiares, amigos y vecinos, de personas del entorno, que no de trabajadores a sueldo. Se aduce que esa proximidad y vinculación personal confiere un plus de calidad a la labor cuidadora. Algunas de las políticas que se han ido tratando de poner en práctica en los últimos años han recogido esa consideración para proponer la desinstitucionalización de ciertas políticas de atención a mayores o niños, considerando que debería «devolverse» a la familia o a la comunidad esas labores cuidadoras. Detrás de ello o como consecuencia de ello, lo que ha ocurrido es que esa labor ha ido a parar de nuevo a mujeres conectadas emotivamente o familiarmente con esas personas, sin que medie habitualmente contraprestación alguna. En realidad no podemos suponer que el hecho de que la labor cuidadora se ejerza sin cargo o con salario implique una mayor o menor calidad, sino que operan otros factores de contexto y de características personales de cuidador y de persona a cuidar.

Precisamente, se ha puesto de relieve que ciertos trabajos que implican asimismo cierta carga emocional positiva (como camareros, prostitutas, asistentes de vuelo), o carga emocional negativa (como los inspectores de hacienda o los policías), se diferenciarían de los que aquí más relacionamos con el hogar y con el cuidado personal por su carácter transitorio y temporal. En efecto, en muchos estudios se pone de relieve que la continuidad de relaciones entre cuidador y persona a cuidar genera un tipo de conexiones o lazos que supera muchas veces inconvenientes de otro tipo. Por todo ello, muchas veces se alude a este tipo de trabajos como parcialmente mercantilizado. La total mercantilización de esa labor puede aceptarse por parte del trabajador si tiene unos límites temporales e incluso espaciales, no cuando implica una total conexión y sumisión emocional. En este último caso se prefiere entender la relación como algo que va más allá de un trabajo retribuido, ya que ello salva la propia integridad y vinculación emocional.

La penalización del cariño

El problema surge entonces en que esa parte no mercantilizada, que se entiende precisamente como la que confiere calidad a la relación cuidadora, no está valorada de manera alguna. Se considera «naturalmente» femenina (por tanto, no requiere habilidades o preparación profesional que deba retribuirse especialmente), y además se llega a decir que de «retribuir» ese cariño se estaría erosionando la misma base de la relación y tergiversando todo el sutil entramado de complicidades emocionales.

No parecen existir dudas sobre el hecho que todo trabajo que se realiza y que no se retribuye implica una clara penalización. Las horas trabajadas y no retribuidas podrían destinarse a realizar otro tipo de labores que, esas sí, fueran retribuidas. También resulta bastante evidente que mucho del trabajo hogareño y de cuidado a niños y mayores, realizado de manera muy mayoritaria por las mujeres, es un trabajo no remunerado. Por otro lado, resulta también significativo el hecho que casi siempre ese tipo de trabajos aparta total o parcialmente a las mujeres del mercado de trabajo regular, lo que también dificulta su reincorporación en igualdad de condiciones al mundo laboral. Pero es que, además, cuando se realiza un trabajo del tipo que aquí hemos caracterizado como trabajo emocional o de cuidado, y que incorpora una retribución por el hecho de realizarlo, también existe una penalización salarial al considerar que ese tipo de trabajo no es «especializado», no requiere habilidades específicas, o que la persona que lo realiza ya recibe «retribuciones» complementarias en afecto y realización personal que no hace necesaria una más adecuada recompensa pecuniaria.

Las teorías de capital humano, hoy tan en boga, acostumbran a relacionar todo tipo de habilidades de una persona con su mayor empleabilidad y ventaja competitiva en el mercado de trabajo. Lo que sucede es que, muchas veces, esas habilidades necesitan ser presentadas con el marchamo y con el valor de cambio que ofrece una enseñanza reglada. Si ello no es así, y esas habilidades son fruto más de la experiencia que de la formación, el mercado acostumbra a retribuirlas de manera menos clara. Por otro lado, el mercado laboral está lleno de ejemplos en los que se admite la existencia de situaciones concretas que generan contraprestaciones especiales o primas específicas. Normalmente ello está conectado a inconvenientes especiales que el trabajo puede conllevar (nocturnidad, peligrosidad, sobreesfuerzo físico, rutina...). Pero es también una realidad fuertemente contrastada empíricamente que los trabajos ocupados esencialmente por mujeres son retribuidos por debajo de trabajos similares que estén desempeñados mayoritariamente por hombres. Al margen de todo ello, también es cierto que en muchos países confluyen otros factores en las diferencias salariales para trabajos similares, como el grado de sindicalización del sector o la rama industrial o productiva de que se trate.

En algunos estudios realizados comparando niveles salariales entre diversos colectivos, se ha comprobado cómo las labores emocionales, las que implican labores de cuidado y cariño, son menos retribuidas en el mercado, sean esas labores ejercidas por mujeres o por hombres. Y ello es así, independientemente de la sociedad que analicemos, del grado de sindicalización de la misma o del tipo de rama productiva en que podamos encuadrar esa actividad. ¿Cuál es la razón?

Una primera y muy plausible explicación es que las labores cuidadoras se retribuyen en menor medida al estar asociadas a la ya mencionada construcción social del género femenino, en la que a la mujer se la reduce a su función reproductora y maternal. Esas condiciones de género y de función social estarían culturalmente devaluadas frente a las funciones productoras y paternales de los hombres. Por tanto, los trabajos con carga emocional, y que tienen claros componentes de cuidado y atención, estarían menos valorados salarialmente al estar ocupados mayoritariamente por mujeres, a pesar de que ocasionalmente sean hombres los que desempeñen esas labores. Los empleadores tendrían por tanto una visión sesgada que les haría interpretar los trabajos de cuidadores (y por tanto, según el estereotipo antes mencionado, femeninos) como de menor valor, no entendiendo suficientemente la importancia de ese tipo de trabajos en la cohesión social.

Otra posible explicación por esa menor consideración salarial de los trabajos relacionados con el cuidado de las personas estaría en las compensaciones personales que ese tipo de labores conllevan para los que se ocupan de las mismas. De la misma manera que antes comentábamos que existen trabajos que se entiende han de sobreretribuirse por las cargas onerosas que implican a quienes los ejercen, podría argumentarse, en sentido contrario, que si un trabajo es percibido como especialmente satisfactorio por quien lo protagoniza, ello puede conllevar una menor retribución. Pero, de nuevo, puede ser que lo que hace que sean especialmente atractivos para las mujeres los trabajos de tipo cuidador se fundamente en esa construcción social, en esas normas culturales largamente desarrolladas y consolidadas a lo largo de muchos años. De tal manera que al final les han hecho valorar ese tipo de trabajos como más femeninos que otros, y por tanto más apetecibles y, como consecuencia, aceptables aunque acaben siendo diferencialmente peor retribuidos.

Es importante asimismo tratar de analizar y contrastar el valor social añadido que incoporporan muchos de los trabajos que aquí hemos definido como de carácter emocional o caracterizados por la dimensión cuidadora. Al margen de la creciente importancia de la educación en el porvenir de una sociedad, se han difundido recientemente estudios (como los de Coleman o Putnam) que señalan la importancia para el buen funcionamiento económico y político de una sociedad de lo que se ha llamado capital social. Ese capital social resulta de un conglomerado de redes asociativas, entramados sociales, niveles altos de confianza y de normas de reciprocidad. No resulta difícil conectar ese tipo de reflexiones con el papel que desempeñan la familia, la comunidad o el llamado trabajo cuidador o emocional en la generación de ese entorno favorable al desarrollo y bienestar colectivo. ¿Hay alguna manera de valorar el rol que tiene ese tipo de labor en la cuenta de resultados de cada empresa o del conjunto de la colectividad? ¿Pueden las madres enviar una especie de factura a los empresarios o al alcalde de una ciudad para tratar de recuperar las horas o la dedicación emocional que ha supuesto el contar al final con un adolescente bien formado, integrado y comprometido cívicamente? Las dificultades para medir aspectos como los aquí considerados o el desinterés con que la economía convencional observa este tipo de temas son nuevos factores que tienden a considerar la labor cuidadora como algo natural que no precisa retribución alguna.

No es ajeno a toda la reflexión que hacemos el hecho que los usuarios de estos servicios, la gente que en mayor medida los demanda, sean gente con pocos medios económicos, lo que conduce asimismo a presionar a la baja la retribución final de la labor cuidadora. Y para remachar el clavo nada mejor que recordar ese argumento que afirma que la labor cuidadora es demasiado sagrada para envilecerla con debates sobre lo que debe cobrarse. El principio, a menudo citado, que el dinero no puede comprar el amor puede tener consecuencias no queridas o perpetuar la baja consideración social y laboral de los servicios personales y de cuidado.

Deberíamos ser más capaces de trabajar mejor y con más profundidad estos y otros aspectos del análisis de las labores cuidadoras en nuestras sociedades. ¿Hasta qué punto existe una percepción positiva o negativa por parte de las protagonistas de esas labores sobre el trabajo que realizan? ¿Hasta qué punto soportan una sobrepresión en ese tipo de trabajos con fuertes vinculaciones emocionales? ¿Consiguen mejores pagas cuando los usuarios de sus servicios son más capaces de valorar lo que representa su trabajo? ¿No genera efectos perversos esa penalización salarial de la labor cuidadora al provocar subocupación, estrés y gran rotación en puestos de trabajo socialmente muy importantes? ¿No iremos generando la sensación que es mejor que la persona que pueda se dedique a otras ocupaciones, y de esta manera ira generándose un declive en la calidad y la implicación emocional de quien acabe realizando esas tareas?

En definitiva, se trata de ver si queremos conferir valor social y valor laboral a un conjunto de tareas que en privado consideramos imprescindibles y esenciales para el futuro individual y colectivo, pero que públicamente tendemos a considerar como algo que forma parte de la esfera privada, femenina y afectiva. Detrás de la frase tantas veces repetida de «la incorporación de la mujer al mundo del trabajo» se esconde una especie de mercantilización obligada de las labores cuidadoras, cuando quizás deberíamos replantearnos las estrategias cuidadoras en el ámbito familiar-comunitario. El debate cada vez más presente en muchos países sobre la necesidad de avanzar en mecanismos de «renta básica» o «renta universal» (una cantidad mensual suficiente para subsistir, distribuida a todos los ciudadanos independientemente de su situación personal o laboral) podría permitirnos ir construyendo un marco en el que las labores cuidadoras pudieran ser compartidas por mujeres y hombres sin necesidad de convertirse en «proletariado emocional».

Conectando vida y política

¿Qué conclusiones sacamos de todo ello? Parece claro que en nuestras sociedades siguen vigentes unas relaciones sociales de género, en función de las cuales se asignan roles diferenciados a mujeres y a hombres, y ello ocurre tanto en la familia como en el campo laboral. Mientras el ejercicio de una profesión da por supuesto que alguien se ocupa de la familia, en el hogar predomina una división de papeles, por la que las mujeres se ocupan aspectos de baja valorización social, como educar, cuidar y dar cariño, sin que los hombres se ocupen de esas cosas más allá de momentos episódicos.

Como hemos visto, todo ello conduce a experiencias desiguales en el mercado de trabajo. Ciertos empleos son para unos y no para otras, y a las que quieren compaginar trabajo y familia se las castiga salarialmente, se las precariza y se las condena a situaciones de escasas posibilidades de promoción, con menor protección social. Los estados del bienestar europeos se han ido construyendo sin alterar demasiado esas bases y sin poner en cuestión las desigualdades reales entre hombres y mujeres.

En los últimos años ha ido surgiendo una incipiente agenda de políticas para la igualdad entre mujeres y hombres. El diseño básico de las nuevas políticas consiste en apoyar el incremento de las tasas de actividad de las mujeres, en condiciones jurídicas de igualdad, y hacia políticas de servicios a las familias (atención a la pequeña infancia, a la gente mayor...) que vayan permitiendo transferir hacia el estado del bienestar algunas funciones tradicionales de la familia. Pero todo es demasiado incipiente y poco eficaz. Los servicios a las familias están lejos de cubrir las necesidades. Como ya hemos visto, los empleos más clásicos de la economía de mercado siguen valorándose por encima de todo lo relacionado con el bienestar y el afecto a las personas. No se da todavía una participación significativa de los hombres en los espacios domésticos. Y aunque no hemos hablado de ello, es evidente que tampoco se consigue la paridad en los espacios de participación sociopolítica.

Claro que todo esto tiene plasmaciones territoriales diferentes. Las sociedades nórdicas o Francia, por ejemplo, han avanzado mucho más que nosotros en valores y en políticas de igualdad de género, tanto en el mundo laboral como en otros ámbitos de la vida cotidiana. En España, las llamadas políticas de igualdad, la mayoría de veces, han hecho poco más que resolver *algunos* problemas de adaptación de *algunas* mujeres a los roles masculinos, pero no creemos que se hayan dirigido a plantear las bases de un nuevo contrato social de género, basado en la equidad de todas las esferas de la vida, valorizando por igual las diferentes experiencias vitales de hombres y mujeres. Prueba de ello es que las desigualdades salariales no disminuyen, que los servicios a las familias siguen anclados en una concepción residual, que continúa el trato desigual en las pensiones de la seguridad social, que en la educación y la sanidad públicas se actúa poco contra los patrones tradicionales, o que brillan por su ausencia programas innovadores de apoyo a una mejor combinación de roles en el espacio familiar (mientras que en Francia se dan tres semanas pagadas a los hombres como permiso de paternidad, acumulables al permiso de la madre, en España el permiso es o maternal o paternal, aunque, como sabemos poco más del 1 % de los hombres usan la posibilidad prevista en la legislación).

¿Se puede hacer algo ante ese panorama? Nos gustaría pensar que desde la política y desde la voluntad de cada uno en la vida cotidiana ese tipo de situaciones pueden cambiarse. Se puede tratar de articular una nueva forma de entender las relaciones entre trabajo y vida cotidiana. No sólo el capital ha de gozar de flexibilidad para optimizar su tasa de ganancia. Las personas tenemos también derecho a gestionar nuestros propios tiempos y ciclos de vida. Hemos de luchar asimismo para ir consiguiendo la valorización de todos los trabajos relacionados con la atención y el bienestar directo de las personas, y una buena base para ello es avanzar en mecanismos de renta básica o universal. Las políticas de ciudadanía y de servicios personales deberían situarse en el centro del debate, permitiendo así la conexión del mundo de la política y el mundo de la vida. Ése era el viejo reto de la igualdad y ese continúa siendo hoy el reto.

Manuela

(pequeña fotografía antigua)

Luis Antonio de Villena

Durante años —y creo que es injusto— yo creí que los hombres (y sobre todo los chicos) eran mucho más misteriosos que las mujeres (y sobre todo que las chicas). No es difícil, de entrada, explicarlo. De niño y adolescente —sobre todo primera adolescencia— viví rodeado de mujeres y muchachas, así es que *sus cosas* (su psicología, su estar) me parecían infinitamente más comprensibles y cercanas que las de los chicos —salvo mis primeros amiguitos, muy de infancia— allá lejos, siempre bastante lejos, misteriosos, salvajes...

Podría —y tendría que— hablar bien largo de mujeres. Hasta los diez años dormí con mi abuela paterna, y la mejor amiga (y amigo) de mi pubertad fue una prima de la rama materna... ¡Qué cerca he estado de muchas mujeres, sin que ello tuviera que ver directa ni freudianamente con el sexo!

Pero iré hoy a un recuerdo pequeño y largo en el tiempo: me lo trae la palabra *muchachas*. Creo que ya no se dice en esa acepción, que era entrañable, pero sin duda rebajadora. *Muchacha* era la chica (por lo general joven o muy joven, de ahí el término) que trabajaba como servicio en casa, interna. Lo que hoy se llama *empleada del hogar* y entonces (más familiarmente y rebajadoramente) con mucha frecuencia, *chacha.*

—*¿Tienes chacha?*
—*¿Dónde está la chacha?*

Espero que esto —pese a que en ocasiones era muy familiar— suene hoy ya remoto... España seguía siendo pobre en los años 40 y 50 (y aún hasta bien entrados los 60) y tanto, que familias de clase media, que hoy ni lo soñarían, podían entonces permitirse tener servicio, *muchachas.* Chicas de pueblo, generalmente muy humildes, que por sueldos bajos, cama y mantel, estaban encantadas con *ponerse a servir.* Mi niñez y adolescencia estuvieron llenas también de estas otras chicas o muchachas... Me acuerdo de Paulina y de Mari, dos chiquitas de Ávila (de algún pueblo de Ávila) que trabajaron en casa en los años 50, cuando yo era niño. Pero a la que más traté —porque yo ya crecía— fue a Manuela, una chica de Almadén que trabajó en mi casa (si no recuerdo mal) entre 1962 y 1965, más o menos... ¿Cómo decir que siendo yo el señoritín que ella se tomaba con cariño y broma, y siendo ella la *chacha,* cosa de la que yo era consciente sin darle importancia, cómo decir que Manuela fue mi amiga, afectuosa, divertida y dulce? ¿Cómo decir que yo creo que nos consolábamos mutuamente, gratamente? ¿Y cómo decir, más allá aún, de qué nos consolábamos, cada cual de lo suyo, y probablemente sin saberlo?

Manuela me parecía a mí mayor. Pero ya se sabe que los muchachitos tienen registros cronológicos muy peculiares. Hay tribus primitivas cuyo sistema de numeración, tras el 3, por ejemplo, tiene sólo un número más: *muchos*. Y así los púberes o los niños que sienten ya el tiempo, pero aún lo sienten peculiarmente, ven a casi todos los mayores a ellos —que ya se sienten mayores— mayorcísimos, es decir, pertenecientes en ese primitivo sistema de numeración, al *muchos*. Si yo tenía 12 años (1963) Manuela debía tener 20 o 21, no más. Sin embargo no era muy alta y tendía a rellenita, pero ¿qué otra cosa podía ser sino muy joven si tenía un novio que acababa de ser destinado, en la *mili*, al Sahara, todavía español? Aquel novio (al que sólo vi un par de años después) se llamaba Lucas, y le escribía largas cartas a Manuela, con esforzada caligrafía de bolígrafo azul, que ella me leía parcialmente, supongo, hablando —y suspirando— de cómo quería a *su Luquitas*... Yo creo que Manuela fue, por entonces, la persona a la que con más naturalidad oí hablar de sexo, de mujeres y de hombres. Ella pertenecía al auténtico *pueblo* que si, evidentemente, conocía los interdictos y murallas de la moral burguesa (tan eclesial y restrictiva en España) no llevaba tales vallas en su corazón. Los curas le decían que estaba mal lo que ella sentía que daba igual, que era normal y sano, es decir, que estaba bien... Chismorreaba y cotilleaba sobre traspieses y ansias sexuales, pero jamás los condenaba. Lo que peor le parecía (creo) eran las solteronas, que se volvían bobas y amargadas, como su propia hermana mayor. Pero ¿qué importaba que su querido hermano Pepillo hubiera dejado embarazada a otra chica, que también servía en Madrid, *pues qué hubiese tenido cuidado la muy tonta*? Su Pepillo —como su Luquitas— eran hombres ¿no?

Manuela se rizaba las pestañas con unas tenacillas muy viejas, ante el armario con luna de su cuarto, las tardes que salía de paseo. Y me contaba —después, mientras se cambiaba para ponerse el uniforme, y la veía con toda tranquilidad en sujetador o combinación— que uno había querido *achucharla*, en un baile o en un cine, pero que ella no se había dejado ni se iba a dejar, mientras su Luquitas estuviera, el pobre, allá lejos, en El Aaiún entre los moros...

Cuando Manuela me bañaba (y yo creo que lo hizo hasta poco antes de marcharse de casa, cuando yo tenía 14 años cumplidos, privilegio —dijéramos— del hijo único) me veía naturalmente desnudo y yo no tenía ante ella ninguna vergüenza, incluso cuando empezó a ver los primeros pelillos del pubis, y me los celebró. Con cualquier otra persona creo que me habría dado mucha vergüenza. Pero yo la veía depilarse a ella las piernas —con una maquinilla de afeitar, vulgar y corriente— y no las axilas, porque me parece que no se las depilaba. ¿Le gustarían a Luquitas, me digo hoy, aquellos pelos agrestes? Manuela me contaba chistes verdes con total desenfado y me dijo que cerca de su casa —en su pueblo— vivía un muchacho muy *sape*, lo que a ella le parecía extraño pero divertidísimo, nada del otro mundo... *Sape* —en su pueblo— valía por mariquita.

—El sape andaba detrás de mi Pepillo, a ver si le veía el pito...

Y risas, entonces. Sanísimas y contundentes risas...

Una tarde, mientras me secaba demoradamente las piernas después del baño, me dijo, acariciándolas una y otra vez con la toalla:

—¡Qué bonitas piernas tienes! Porque eres chico... Si fueras una chica no veas el éxito que tendrías...

Si mi madre me regañaba o se enfadaba conmigo, Manuela invariablemente tomaba mi partido. Siempre era mi cómplice. Y cuando —en el baño— yo quería hacer de Nerón y le pedía que me trajese una de las copas de champán mejores (las copas de cristal tallado de la cristalería del comedor), aunque Manuela sabía que mi madre lo hubiera desautorizado, me traía la copa por su cuenta, llena de *coca-cola*, que yo llamaba *vino de Chipre*... Y tomando pose de Nerón, decía en el baño, dirigiéndome a Manuela (que debía ser Tigelino): *¡Que se lleven al circo a todos esos cristianos...!* A ella estas teatrerías mías le encantaban. Vio en ellas algo —no sé qué, cierta magia— que le gustaba. Yo era el amigo que no tenía a diario. Y ella era para mí (no sé si lo supo) el amigo que yo tampoco tenía. Ni a diario, ni en festivo. Yo quería a Manuela casi sin percatarme. Y aunque sabía que era la *chacha* y venía muchas tardes a recogerme al colegio, algo muy sutil e inmensamente natural me unía a ella. Quizá esa fuera la palabra exacta en todo esto: *natural*.

Yo para Manuela era un niño o un muchachito normal y bueno. Nunca me vio —o supo no ver— como distinto y tiznado por una tragedia íntima que los otros, la sociedad y no yo, levantaron en mí. Se quejaba Pasolini (tan clarividente) del horror que suponía la muerte del *pueblo*, de *lo popular* genuino... Le sobraba razón. Hoy hay una inmensa clase media baja, pésima caricatura de la burguesía de siempre —alta frente a esta bajura—, pero el *pueblo*, *lo popular* —tal como pronosticó Pier Paolo Pasolini— han muerto o los han matado o se han dejado matar, al final da lo mismo... Ni en Italia ni en España hay *pueblo* ya. Pero Manuela era pueblo aún, quizá hasta que se marchó de casa —no sin pena— porque le ofrecían mejor sueldo y más categoría personal. No era lo mismo *servir* (aunque nos quisiera mucho a mamá y a mí) que ponerse de dependienta en una tiendecita de ropa de moda, por muy de barrio que fuera. Como sin darse cuenta (porque probablemente y a plena conciencia, no se la daba) Manuela me enseñó que el universo moral de la burguesía —en el que vivía, y en el que, como ella, no tendría más remedio que caer, de hoz y coz— era odioso e híspido. Frente al paganismo popular, y su fuente de alegría, estaban la moral de las prohibiciones y la mente esclerotizada y rígida de un Jehová desértico... Nosotros no pertenecíamos a ese mundo (me dijo Manuela, que concluiría, años más tarde casándose con su Luquitas, el mismo que le escribía cartas desde el Sahara), pero ¿qué podíamos hacer para salvarnos? ¿Podríamos huir a alguna imposible Roma imperial, a alguna remota Isla del Tesoro? Probablemente no podríamos. Tendríamos que quedarnos y permanecer, y bogar —como si no fuéramos terriblemente ajenos— en un desolado mar de enemistades y de grisura... Todo esto decía Manuela (que sabía que tenía generosas y abundantes tetas) sin decirlo...

Manuela, que venía de un lejano pueblo, hacia el sur, al que yo por entonces nunca había ido: Almadén. Sabía ella perfectamente que el mercurio se come el oro... (*No lleves sortijas de oro si vas a tocar mercurio*).

Mi amiga Manuela, sin saberlo. Carne y sabor de *pueblo*. La vida mejor —como ella— es purísima en la suciedad, levemente grosera en su claridad; confortable, mansa, acogedora, risueña, irónica, a ratos salvaje, entre los buenos sin agresividad, a no ser que hieras o arañes tú... Manuela, *la chacha*. La que cantaba canciones populares mientras lavaba la ropa... ¡Qué sol antiguo miro! Y no, no era muy guapa esta Manuela.

Muchísimos años después —más de 20— me invitaron a dar un ciclo de conferencias por la provincia de Ciudad

Real. Almadén quedaba muy al sur, muy hondo, y yo creía saber que ella vivía en Madrid. Pero escogí Almadén, quise ir un día a hablar en Almadén, sólo como callado recuerdo a aquella tierna, lejana y natural amiga...

(Me regalaron un frasquito de mercurio, claro. Y al sentirlo en la mano, al ir a abrir aquella piedra viva, recordé su risa, su sensualidad, su ser gran mujer, y oí en mi interior: *No lleves sortijas de oro si vas a tocar mercurio*. No, no lo olvido. Ahora que vivimos en un mundo seco, casi todo ceniza y grisura.)

Los autores

Fermín Bocos

Nació en Santander en 1949. En su carrera como periodista ha dirigido varios servicios informativos en distintas cadenas de radio y televisión (Cadena Ser, COPE, Radio Exterior de España, TVE, Telemadrid y Tele 5). Actualmente es analista político de la CNN+ y participa en las tertulias del programa «Protagonistas» de Onda Cero. Es, además, autor de varias publicaciones entre las que se cuentan las novelas *El libro de Michael, El resplandor de la gloria* y el ensayo, *Tecnología bélica y censura en la Guerra del Golfo.*

Tomás Fernández García

Nació en Madrid en 1950. Especialista en políticas sociales y medios de comunicación, ha sido profesor en la Universidad Complutense de Madrid y en la Universidad de Castilla La Mancha, en la que actualmente es titular de Servicios Sociales y Trabajo Social. También ha sido columnista del diario *El Mundo* y ha escrito guiones para series de televisión. Entre sus últimos libros se encuentran, *Medios de Comunicación, Educación y Sociedad, Estado de Bienestar: Perspectivas y Límites, Globalización y Políticas Sociales en Perú y en España, Estado de Bienestar y Socialdemocracia: Ideas para el debate.*

Juan José Laborda

Nació en Bilbao en 1947. Es periodista y licenciado en Historia Moderna. Fue elegido senador por la provincia de Burgos en la Legislatura Constituyente, y ha continuado en el cargo ininterrumpidamente en todas las legislaturas posteriores. Fue presidente del Senado entre los años 1989 y 1996. Actualmente es portavoz del Grupo Socialista y miembro de la Sociedad *El Sitio de Bilbao* y de la Sociedad de *Estudios Vascos*. Ha publicado numerosos trabajos sobre Historia social y económica de España de los siglos XVII y XVIII.

Joaquín Leguina

Es Doctor en Ciencias Económicas y Máster de Demografía por el Instituto de Demografía de la Universidad de París. Ha sido presidente de la Comunidad Autónoma de Madrid entre los años 1983 y 1995. Actualmente es diputado en las Cortes. Es autor de libros de carácter científico como *Estudio sobre la población española*, de los ensayos *Los ríos desbordados, Defensa de la política, Malvadas y virtuosas, Años de hierro y esperanza*, así como de las novelas, *Tu nombre envenena mis sueños* y *El corazón del viento* entre otras.

Paco Lobatón

Nació en Jerez de la Frontera (Cádiz) en 1951. Es licenciado en Ciencias de la Información. Ha trabajado como jefe de informativos en Radio España, director del informativo «24 horas» y del magazine «Para que veas» en Radio Nacional de España. También fue corresponsal de «El Periódico de Cataluña», conductor del Telediario «2» y director de los servicios informativos de Canal Sur, además de director y presentador de los programas «Quien sabe dónde», «La llamada del Sur» y «En persona». Es el autor de *Escríbeme a la guerra, A corazón abierto: Historias de la tele, historia de la vida*, entre otros.

Miguel Lorente

Nació en Almería, en 1962. Es médico forense y profesor asociado de Medicina Legal en la universidad de Granada. Ha sido pionero en el estudio científico de la agresión a la mujer; buena muestra de ello son sus trabajos *El Síndrome de Agresión a la Mujer,* premiado por la Real Academia de Medicina y Cirugía de Granada, *o Agresión a la Mujer: Maltrato violación y acoso*. Esta faceta se completa con el último libro, *Mi marido me pega lo normal*. Su trabajo se fundamenta en la identificación humana por medio del estudio y el análisis del ADN, que le ha llevado a estudiar los restos de personajes históricos como Doña Blanca de Navarra, el Príncipe de Viana o Luigi Pirandello.

José Antonio Marina

Nació en Toledo en 1939. Es catedrático de bachillerato. Su primer libro, *Elogio y refutación del ingenio,* fue premio Anagrama de Ensayo y Premio Nacional de Ensayo (1992). Después le siguieron *Teoría de la Inteligencia creadora, Ética para Náufragos, El laberinto sentimental, El misterio de la voluntad perdida, La selva del lenguaje, Diccionario de los sentimientos* (en colaboración con Marisa López), *El vuelo de la inteligencia* y *La lucha por la dignidad* (en colaboración con María de la Válgoma).

MANUEL PIMENTEL SILES

Nació en Sevilla en 1961. Es ingeniero agrónomo y licenciado en Derecho. En su faceta como político ha sido secretario general de Empleo y ministro de Trabajo y Asuntos Sociales. Actualmente es empresario. Ha publicado numerosos artículos sobre el mundo de la empresa y el empleo. De su trabajo como escritor podemos destacar *Pena laja* y *Monteluz*.

RAMÓN J. MÁRQUEZ «RAMONCÍN»

Nacido en Madrid en 1955, es cantante, autor literario y compositor. Fundó el primer Gabinete de Teatro Universitario de España en la Escuela de Aparejadores de la Universidad Politécnica de Madrid. Es autor de más de doscientas canciones y quince discos. Durante años ha colaborado con publicaciones como *La Codorniz*, *El Papus*, *Liberación* o *El País*. Entre sus títulos más conocidos se encuentran *Animal de ojos caídos, Testimonios musicales, Tocho Cheli, Políticamente Correcto, Poemas de Amor y otras cosas para decir en voz alta.*

José Luis Rodríguez Zapatero

Nació en Valladolid en 1960. Fue profesor de Derecho Constitucional en la universidad de León y desde el año 1986 es diputado en el Congreso, donde ha desempañado los cargos de portavoz socialista en la Comisión de Justicia e Interior, portavoz de la Comisión de Administraciones Públicas y vocal en la Comisión Constitucional y en la del Defensor del Pueblo. Actualmente es el secretario general del PSOE.

Miguel Ángel Sacaluga Luengo

Nació en Madrid en 1958. Licenciado en Periodismo y Derecho, ha desarrollado su vida profesional en los medios audiovisuales públicos. Fue director de los servicios informativos de los Centros Regionales de Aragón (RNE) y Galicia (TVE), y en Madrid desempeñó la Jefatura de Nacional y Sociedad de los Servicios Informativos de TVE. Ha sido también corresponsal de TVE en París. Actualmente ocupa el cargo de consejero de administración RTVE.

José Saramago

Nació en Azínhaga (Portugal) en 1922. Premio Nobel de Literatura en 1998, es uno de los novelistas portugueses más queridos en el mundo. En España, desde que publicó su primera novela, *El año de la muerte de Ricardo Reis* en 1985, su trabajo ha merecido la mejor acogida de los lectores y la crítica. Entre sus títulos más importantes se encuentran, *Manual de pintura y caligrafía, Casi un objeto, Historia del cerco de Lisboa, La balsa de piedra, Memorial del*

Convento, El Evangelio según Jesucristo, Ensayo sobre la ceguera, Levantado del suelo, La caverna. También ha publicado el libro de viajes *Viaje a Portugal*, el diario *Cuadernos de Lanzarote* y el relato breve *El cuento de la isla desconocida.*

Joan Subirats

Nació en Barcelona en 1951. Es catedrático de Ciencias Políticas en la Universidad Autónoma de Barcelona y codirector del Programa de Gobierno y Gestión Publica (UAB-UPF-ESADE). Especializado en políticas públicas, gestión pública e innovación democrática, ha publicado interesantes obras como *¿Existe sociedad civil en España?, Responsabilidades públicas y valores colectivos, Políticas públicas en España, Local y sostenibilidad.* Es también colaborador del diario *El País* y otros medios de comunicación.

Luis Antonio de Villena

Nació en Madrid en 1951 y publicó su primer libro de poemas en 1971. Por su poemario *Huir de Invierno* recibió el Premio de la Crítica en 1981. Su obra lírica se encuentra reunida en *Belleza impura* y *Celebración del laberinto,* que fue galardonado con el XIX Premio de Poesía Ciudad de Melilla. Se ha dedicado también al género de la novela y el relato, con obras como *Amor pasión, El invierno romano, Chicos, El burdel de Lord Byron, Madrid ha muerto* o *Pensamientos mortales de una dama.* De sus ensayos cabe destacar *El libro de las perversiones, Biografía del fracaso, El mal del mundo* (Premio Sonrisa Vertical), *Caravaggio, exquisito y violento* y *Wilde Total.* Desde hace diez años es, además, columnista del diario *El Mundo.*

ÍNDICE

Este libro, publicado por EDITORIAL CRÍTICA,
se acabó de imprimir en los talleres de
A & M Gràfic, el 3 de octubre de 2001.